초등학생을 위한 **정서발달 향상 프로그램**

{ 내 마음을 알아봐 }

초등학생을 위한 **정서발달 향상 프로그램**

{ # 내 마음을 알아봐 }

노경란 · 김지연 · 권윤정 · 구민정 · 구연익 공저

학지사

{ 추천사 }

'2020년 서울시 정신건강' 프로젝트의 하나로 2006년에 처음 시작한 아이존 사업이 올해 7년째로 접어든다. 민관의 전문가들이 힘을 합쳐 시작된 아이존은 빠르게 성장하여 서울시내 11곳에서 운영되고 있으며 계속 늘어날 전망이다. 더욱이 이번에 송파아이존에서 실시해 온 프로그램들을 토대로 하여 이 책을 발간하게 된 것은 또 하나의 큰 성과다. 요즘 우리 사회가 성인뿐만 아니라 아동도 많은 스트레스를 받고 있으며, 왕따, 중독, 자살을 비롯한 여러 가지 마음건강의 문제들로 인해서 어려움을 겪고 있다. 우리나라 아동의 마음이 건강해지고 가족이 행복해지는 데 이 책이 소중한 도구로 활용되기를 기대해 본다.

아이코리아 안에서 처음 출발한 아이존은 이제 서울시내 여러 곳으로 확대되어, 정서 · 행동 문제를 가진 아동, 특히 취약 계층의 아동과 가족을 위한 지역사회 치료 공간으로서 자리매김하고 있다. 그간 치료 현장에서의 경험을 바탕으로 제작된 초등학생용 사회성 · 정서발달 향상 프로그램과 초등학생 부모를 위한 긍정적 부모교육 프로그램은

질 높은 심리 서비스를 지역사회에 제공하는 데 크게 기여할 수 있을 것으로 기대한다. 이러한 성과를 나타낼 수 있도록 애써 온 송파아이존 치료진의 노고와 서울시의 지원에 감사를 드린다.

★ 홍강의 송파아이존 자문의, 서울대학교 명예교수

아이존은 학교에 다니며 치료를 받을 수 있는 한국형 주간치료센터 모델로서 아동중심의 통합적이고 학제적인 접근을 지향하고 있다. 그간 정서·행동상 상당히 복잡한 어려움을 가진 취약 계층의 아동과 가족을 대상으로 치료 서비스를 제공해 온 송파아이존에서 아동과 부모를 위한 프로그램 지침서를 출간한다는 것은 아이존 사업의 질적인 발전을 위해서뿐만 아니라, 지역사회 아동정신보건사업의 예방 측면에서도 매우 의미 있는 일이라고 생각한다. 정신적 가치나 인성 교육이 발붙일 여지가 점점 줄어드는 요즘에 아동과 부모를 위한 치료교육 프로그램을 통해서 지역사회 아동정신보건사업이 더욱 활성화되기를 기대한다.

★ 노경란 아이코리아 송파아이존 센터장, 저자 대표

이 책은 아이존이란 치료 공간에서 함께 일했던 치료사들의 열정과 사랑으로 만들어진 작품이다. 이 책의 특징은 저자들이 치료 현장에서 그간 축적된 노하우와 진행상 도움이 되는 구체적인 내용을 아낌없이 담아냈다는 점이다.

특히 초등학생용 사회성·정서발달 향상 프로그램은 학습 내용을 최소화하고 신이 나고 동적인 활용을 통해 기술을 연습하는 데 주력하였다. 초등학생 부모를 위한 긍정적 부모교육 프로그램도 습득한 양육 지식을 토대로 참여자들의 경험과 피드백 나누기, 역할극과 과제를 통한 적용 과정을 강조하였다. 특히 부모에게 지속적인 변화가 유지되도록 단계별로 구성하였다. 아울러 이 책은 아동과 부모용 프로그램 지침서를 함께 구성함으로써, 아동의 긍정적인 변화와 성장을 위해서는 부모의 변화가 반드시 수반되어야 함을 강조하였다.

이 책이 출간될 수 있도록 지원해 주신 서울시 관계자 여러분, 아이코리아 김태련 회장님, 자문의 홍강의 교수님께 깊은 감사의 마음을 전한다. 더하여 현장에서 아이존 발전을 위하여 애쓰시는 각 아이존 시설장님들, 송파아이존의 직원 김예원, 조은정, 이지민, 이종은, 김태영, 정신보건 수련생, 인턴 및 자원봉사생들의 수고에 감사드린다. 이 책이 아이존뿐만 아니라 정신건강증진센터, 복지관, 초등학교 등 지역사회 여러 기관에서 잘 활용되어 아이들의 마음건강과 가족 행복을 일구는 데 조금이나마 보탬이 되기를 간절히 소원한다.

{ 머리말 }

　유아기와 아동기는 정서조절 능력이 발달하는 데 중요한 시기다. 특히 학령기는 대인관계가 가족관계에서 또래관계로 확장되어 사회성 발달이 이루어지는 시기로 정서조절 능력이 매우 중요한 영향을 미친다. 정서발달이 미숙한 아동은 정서를 인식하고 조절하는 능력이 부족하여 정서를 억제하거나 충동적으로 표출하면서 내재화 및 외현화 문제와 관련될 가능성을 많이 가지고 있다. 이러한 문제는 결국 또래관계에서 깊이 있는 정서적 교류와 공감적인 태도를 통해 친밀한 관계를 형성하거나 갈등 상황에서 침착한 태도로 문제를 해결하는 데 부정적인 요인으로 작용하면서 사회성 발달에 영향을 미치게 된다. 저자들 또한 임상 현장에서 다양한 내재화 및 외현화 문제를 지닌 아동을 만나면서 문제의 양상은 각기 다르지만, 공통분모로 정서를 인식 하고 표현하며 조절하는 데 어려움이 있다는 것을 경험적으로 알게 되어 정서발달을 향상하는 프로그램에 관심을 갖고 개발하게 되었다. 이 책에서는 정서발달 향상 프로그램에 기초가 되는 이론적 배경을 알아보고 프로그램의 구성 및 특징에 대해 간단하게 서술하고자 한다.

차 례

{ 프로그램의 이론적 배경 }

★ 정서발달

인간의 정서는 개인의 생존, 종의 생존 그리고 사회의 생존을 위해 필수적인 기능을 하기 때문에 단순하게 정의될 수 없으며, 여러 차원의 복합체로서 이해되어야 한다(Averill, 1990, 1994). 즉, 인간의 정서는 생리학적 · 인지적 · 상황적 · 사회적 측면의 복잡한 상호작용으로 이루어진다(Kagan, 1994). 이러한 정서의 중요한 기능은 다음과 같다.

첫째, 진화론적 입장으로 정서적 경험을 통해 생존에 이익이 되는 행동을 하도록 하여 환경에 대처하고 적응하도록 하는 것이다.

둘째, 사회적 입장으로 개인적 · 상호 관계적 · 집단적 수준으로 나눌 수 있다. 먼저 개인적 수준으로는 정서적 경험을 통해 사회적 사건에 대한 단서를 파악하고, 적절히 대처하도록 하는 것이다. 다음으로 상호 관계적 수준은 대인간 사회적 상호작용을 촉진하는 것이고, 마지막으로 집단적 수준은 집단 구성원들의 공동체 의식을 강화하는 것이다.

이 프로그램에서는 정서의 사회적 입장 중 개인적, 상호 관계적 수준에 초점을 두고 있다고 볼 수 있다.

아기가 타인의 정서적 표현을 인식하고 해석하기 시작하는 시기는 학자마다 차이가 있어 논란의 여지가 있다(Kahana-Kalman & Walker-Andrews, 2001). 하지만 대체로 생후 3개월부터 타인의 서로 다른 정서를 시각적으로 구별할 수 있고, 8~9개월에는 정서를 인식하고 해석하는 능력이 보다 분명해진다(Soken & Pick, 1999). 특히 이때 타인의 정서적 표현을 이용하여 상황을 추론하는 사회적 참조가 나타나기 시작하면서 아기는 자신의 판단이 정확한지를 평가하는 데 타인의 정서적 반응을 이용한다. 이러한 과정을 거쳐 타인의 정서를 인식하고 해석하는 능력은 아동기 동안 지속적으로 향상된다. 걸음마기에는 감정이입적인 반응이 등장하고, 8세경에는 동일한 상황이라도 사람들마다 서로 다른 정서 반응을 보인다는 것을 인식하며(Gnepp & Klayman, 1992), 6~9세경이 되면 한 사람이 동시에 한 가지 이상의 정서를 경험할 수 있음을 이해하기 시작한다(Arsenio & Kramer, 1992; Brown & Dunn, 1996). 또한 어떤 정서인지를 추론하기 위해 서로 대조되는 표정단서, 행동단서 및 상황적 단서를 통합하는 능력을 어느 정도 보인다(Hoffner & Badsinski, 1989). 이것들은 인지발달뿐 아니라 사회적 경험에 중요한 영향을 미친다.

정서를 조절하는 능력은 아동이 문화의 정서표출 규칙(어떤 정서들을 어떤 상황에서 표현해야 하는지 혹은 표현하지 말아야 하는지를 명시하는 문화적으로 정의된 규칙들)을 따르기 위해 습득해야 하는 가장 중요한 첫 번째 기술이다. 6개월 된 영아의 경우, 불쾌한 자극으로부터 몸을 돌리거나 물건을 힘차게 빼는 등의 행동을 통해 부적 각성을 줄이려고 한다(Mangelsdorf, Shapiro, & Marzolf, 1995). 그리고 12개월 정도에는 스스로 몸을 흔들거나 물건을 씹거나 불쾌한 자극으로부터 멀어지는 것과 같은 추가적인 책략을 발달시킨다(Mangelsdorf et al., 1995). 나아가 24개월 이후에는 자신을 당황하게 만드는 대상들의 행동을 통제하려는 경향이 높아진다(Mangelsdorf et al., 1995). 언어발달과 인지발달이 더욱 견고해지면서 3~6세에는 정서조절을 위한 인지적 책략이 등장하게 되고, 간단한 정서표출 규칙과 일치하게 행동한다. 학령기에 접어들면서 정서표출 규칙과의 일치 정도가 향상되고 긍정적인 정서를 강화하고 부정적인 정서를 감소시키는 자기조절 책략이 보다 다양하고 복잡해진다(Rosen, Adamson, & Bakeman, 1992).

이러한 정서에는 출생 시 존재하는 혹은 생애 첫해에 등장하는 정서들의 집합인 일차 (기본) 정서와 생애 두 번째 해에 나타나는 자기−의식적 정서들로서 이차(복잡한) 정서가 있다. 먼저 일차 정서에는 슬픔, 기쁨, 분노와 호기심이 있다. 다음으로 이차 정서에는 당황, 수치심, 죄책감, 질투심, 자부심이 포함된다. 또한 주요 정서에 대해 학자에 따라 차이가 있지만 여섯 가지 주요 정서에는 슬픔, 기쁨, 분노, 놀람, 공포, 혐오감이 있고, 성인기에 무안함이 추가되고, 여덟 가지 주요 정서에는 슬픔, 기쁨, 분노, 놀람, 공포, 혐오감, 수용, 기대가 포함된다고 한다. 이 프로그램에서는 이러한 일차, 이차 및 주요 정서를 기반으로 하여 아동이 사회적 상황에서 자주 접하는 감정 열여섯 가지를 선정하여 활용하기로 하였다. 열여섯 가지 감정 목록은 '긴장된, 무서운, 화나는, 외로운, 슬픈, 서운한, 샘나는, 부끄러운, 놀란, 기쁜, 행복한, 편안한, 감동적인, 뿌듯한, 설레는, 신나는'이다.

★ 정서지능

정서지능 용어는 Salovey와 Mayer(1990)에 의해 처음 소개되었다. 초기에는 정서지능을 세 가지 차원, 즉 정서인식, 정서조절, 정서활용으로 구분하였다. 하지만 1997년 이들은 정서지능에 대한 네 가지 차원 모델로 확장하면서 기존의 세 가지 차원의 모델에서 정서인식과 정서조절은 그대로 두고, 정서활용은 사고적인 측면을 강조하였다. 하지만 이러한 정서지능의 개념을 초등학생을 대상으로 한 정서발달 향상 프로그램에 적용하기에는 세 가지 차원 모델이 더욱 적합하다고 판단하여 이 책에서는 세 가지 차원의 모델에 대한 이론적 배경을 설명하고자 한다.

첫째, 정서인식이란 자신과 타인의 정서를 알아차리는 것으로 가장 기본이 되는 요인이다. 먼저 자신의 내적 상태에 지속적이고 세심한 주의를 기울이면서 자신에게 일어나는 감정을 순간 알아차리는 능력으로서, 이는 자신에 대한 심리적 통찰을 증진하는 데 매우 중요한 요소라고 볼 수 있다. 이는 타인에게도 적용 가능하여 다른 사람의 감정을 언어적·비언어적 단서를 통해 알아차리는 능력을 포함하게 된다. 나아가 인식된 자기 정서를 타인의 경계를 침범하지 않는 선에서 적절한 표정 및 말과 행동으로 표현하는 능력과 관련된다.

둘째, 정서조절이란 불쾌한 정서는 완화시키고 유쾌한 정서는 향상시켜 자신과 타인의 감정을 효과적으로 조절하는 능력이다. 이렇듯 자신의 정서를 상황과 맥락에 적절하게 조절하는 능력은 이후 타인의 정서 반응을 조절할 수 있으므로 타인과 긍정적이고 친밀한 관계를 유지하는 데 중요한 요인으로 발휘될 수 있다.

셋째, 정서활용은 자신의 삶을 계획하고 성취하거나 문제를 해결하기 위해 자신의 감정을 활성화하여 행동을 계획하고 동기화할 수 있는 능력이다. 정서활용 능력이 높은 사람은 상황에 적절하게 자신의 감정을 변화시키고 긍정적인 감정을 스스로 동기화 하여 최상의 정서 상태로 삶을 능동적으로 살아갈 수 있다. 여기에는 융통성 있는 계획 세우기, 창의적 사고, 주의집중의 전환, 동기화 등 문제해결에서 정서를 활용하는 능력이 포함된다.

이 프로그램은 정서지능의 세 가지 차원의 모델 중 정서인식과 정서조절에 대한 개념을 바탕으로 구성되었다. 정서활용 차원은 정서발달 향상 프로그램이 실시된 이후에 다른 치료 프로그램에서 적용되고 활용될 수 있다. 또한 정서와 관련된 용어에는 감정, 정서 및 기분이 있다. 이러한 용어의 학문적 정의에는 차이가 있으나, 정서발달의 촉진을 목표로 한 이 프로그램을 진행하는 데 있어 용어의 구분이 중요하지 않다고 판단된다. 따라서 이 프로그램 내에서는 이 용어들을 혼용하여 사용하고자 한다.

{ 프로그램의 구성 및 특징 }

★ 전체 프로그램의 구성 및 특징

　정서발달 향상 프로그램은 정서지능 이론에 근거하여 중기단계까지는 정서인식 및 표현을, 후기단계는 정서조절을 중점적으로 다루고 있다. 먼저 초기단계의 정서인식은 정서의 다양성, 가변성, 강도를 파악하여 하루 동안 얼마나 다양한 감정들을 느끼고 그 감정들이 변화되며, 같은 정서에도 약하고 강함이 있다는 것 등 정서의 특성들을 알고, 자신과 타인의 정서를 정확하게 인식하고 표현하는 데 중점을 두고 있다. 정서 표현은 정확하게 인식한 정서를 언어와 신체를 통해 적절하게 표현하는 것을 목표로 한다. 마지막으로 정서조절은 앞서 배웠던 정서인식 및 표현 능력을 응용하여 다양한 정서에 대해 개방성을 가지고 불쾌한 정서는 완화시키고, 유쾌한 정서는 증진시킴으로써 자신과 타인의 관계를 긍정적으로 유지할 수 있도록 구성하였다.

표 1 회기별 주제 및 내용

회 기	제 목	내 용
1	오리엔테이션	프로그램 소개 및 구조화
2	다양한 감정 알기	유쾌한 감정과 불쾌한 감정 알기
3	내 감정 파악하기	내 마음의 날씨를 통해 내 감정 알기
4	다른 사람 감정 파악하기	다른 사람의 입장이 되어 감정 느껴 보기
5	감정의 강도 이해하기	감정 온도계를 통한 감정의 강도 파악하기
6	감정을 몸으로 표현하기	감정과 몸의 관계 파악하기
7	감정을 언어로 표현하기	감정을 언어로 표현하기
8	정저조절하기 I	내 감정 보여 주기와 숨기기
9	정저조절하기 II	느끼기, 행동하기
10	정저조절하기 III	생각하기, 말하기
11	종 결	프로그램 리뷰 및 종결 파티

★ 회기 내 구성의 특징

각 회기는 도입, 활동, 마무리로 구성되어 있으며, 매 회기 도입 부분에서는 '오늘의 기분' 이라는 간단한 활동을 통해 매일의 감정을 인식하여 언어로 표현하도록 하였다. 이 활동을 도표로 시각화하여 아동이 자신의 감정이 얼마나 다양하고 어떻게 변화되고 있는지를 한눈에 볼 수 있도록 하였다. 다음으로 활동 부분에서는 정서에 대한 다양한 개념을 설명하고 이를 좀 더 능동적으로 숙지하고 연습할 수 있도록 게임 및 역할극 등의 활동으로 구성하였다. 마무리 부분에서는 프로그램에 참여하면서 느꼈던 소감을 다 함께 나누고 정리하도록 하였다.

{ 프로그램의 진행 Tip }

★ 집단 구성원의 선정

  기본적으로 이 프로그램은 초등학생을 대상으로 개발되었으며, 저학년과 고학년에 따라 융통성 있게 수준을 조절할 수 있도록 하였다. 아동의 인지발달 수준과 개인차를 고려하여 집단 구성원의 연령 차이는 한두 살이 적절할 것이며, 성비가 균형적인 것이 선호된다. 인지 기능에 따라 프로그램의 난이도 및 회기를 조절할 수 있으므로 경미한 지적 장애를 가진 아동은 이 프로그램의 대상이 될 수 있으나, 의사소통 및 상호작용에 현저한 문제가 있는 아동의 경우는 적합하지 않을 수 있다. 주 호소 문제가 동일할 경우에는 집단 구성원 간의 유사성을 통해 공감대를 형성하고, 서로의 고충을 이해하는 데 도움이 될 수 있으며, 주 호소 문제가 다를 경우에도 서로의 차이를 통해서 다양한 관점을 이해하고 수용할 수 있다. 단, 동일한 집단의 경우에는 서로의 공통된 문제가 강화되지 않도록 주의하고, 다양한 집단의 경우에는 서로의 다른 점이 비난의 대상이 되지 않도록 주의해야 한다.

★ 회기 진행의 유연성 발휘

 정서조절 프로그램의 경우 회기가 단계별로 구성되어 있기 때문에 회기의 순서를 조절할 수는 없지만, 회기 내에서 정서 탐색의 깊이를 융통성 있게 조절할 수 있다. 즉, 저학년의 경우 언어적 표현 및 주의집중력의 한계가 있기 때문에 주로 시각적인 활동을 통한 구체적인 교수나 활동을 강조하지만, 고학년의 경우 감정을 깊이 있게 탐색하고 언어적으로 표현하는 것이 가능하기 때문에 집단상담의 기법을 활용할 수 있다. 예를 들어, 한 아동이 자신의 감정에 대해 표현을 하고, 다른 아동이 자발적으로 공감하면서 관련된 경험을 이야기할 때 치료자는 이후 활동을 진행해야 한다는 부담을 잠시 내려놓고, 아동의 대화를 경청하고 반응하면서 격려한다.

{ 치료자의 태도 }

심리적인 문제를 가진 아동은 대체로 정서발달이 미숙하여 자신의 감정을 인식하고 조절하여 표현하는 것에 상당한 어려움을 느낀다. 그래서 치료자는 매뉴얼에 따라 프로그램을 진행한다 해도 아동의 감정을 자연스럽게 다루는 것이 수월하지 않을 수 있다. 따라서 다음에 제시하는 '치료자의 태도'를 충분히 숙지하여 융통성 있게 적용하기를 권유한다.

첫째, 정서는 개인의 주관적인 느낌이기 때문에 이 프로그램의 활동에 대한 정답은 없다. 즉, 모든 회기에서 아동이 표현하는 감정과 경험에 대해서 치료자뿐만 아니라 다른 집단 구성원들도 옳고 그름의 가치판단 없이 수용될 수 있도록 지지해 준다. 만약 다른 아동이 표현한 감정에 대해 비난하는 아동이 있다면, 그 아동에게 초점을 맞추어 왜 그렇게 생각하는지를 다룰 수 있다.

둘째, 아동이 감정을 표현할 때 언어적 표현과 비언어적 태도가 불일치할 경우 이 부분을 탐색할 수 있도록 한다. 즉, 치료자가 아동의 비언어적 사인을 민감하게 탐지하면서 불일치되는 면이 있는지 파악하는 것이 중요하다. 예를 들어, 언어적으로는 기쁘다고 말하는데 표정은 그렇지 않은 경우다.

셋째, 감정 표현을 매우 억제하는 아동의 경우, '지금-여기'의 감정을 탐색하여 간단하게라도 표현하도록 격려한다. 만약 아동이 지속적으로 거부한다면 예시를 제공하여 그 안에서 선택하도록 하고, 감정을 느끼고 표현하는 것은 매우 자연스럽고 당연하다는 것을 강조한다.

넷째, 아동이 예상하지 못한 감정을 표현하였을 경우, 치료자는 당황하지 않고 '누구나 그러한 감정을 느낄 수 있다.'는 태도로 자연스럽게 수용하는 태도를 보인다. 그러나 감정을 지나치게 과장하여 표현하는 경우에는 관심 추구의 부적절한 행동일 가능성이 있으므로 그러한 행동이 강화되지 않도록 치료자가 간단하게 반응한 뒤 다음 내용으로 자연스럽게 넘어간다.

다섯째, 이 프로그램에 참여하는 아동은 대부분 주변 성인으로부터 '화와 같은 불쾌한 감정을 느끼는 것 자체가 나쁘다.'는 피드백을 받아 왔기 때문에 불쾌한 감정을 느끼고 이를 언어화하는 것에 죄책감, 수치심, 긴장감 등의 감정을 느낀다. 따라서 불쾌한 감정 자체가 나쁜 것이 아니며, 이를 적절히 표현하고 조절하는 것이 중요하다는 것을 전달한다.

여섯째, 치료자는 자신이 집단 구성원들에게 정서 표현과 조절의 모델링이 될 수 있음을 늘 염두에 두어 상황에 맞춰서 감정 표현을 적절하게 한다.

일곱째, 치료자가 사전에 매회기 포인트를 충분히 숙지하여, 집단 구성원들에게 설명하거나 이야기를 나누는 과정에서 자연스럽게 전달할 수 있도록 한다.

★ ★ ★

매뉴얼

초등학생을 위한 정서발달 향상 프로그램
'내 마음을 알아봐'

오 리 엔 테 이 션

만나서 반가워

 활동 목표

1. 프로그램의 목적을 이해하고 규칙을 익힌다.

2. 간단한 자기소개를 통해 집단 구성원들과 익숙해진다.

3. 다양한 감정에 대해서 탐색한다.

 프로그램 개요 및 준비물

구 분	내 용	준비물
도 입	• 프로그램에 대한 전반적인 오리엔테이션	–
활 동	• 자기소개와 퀴즈 • 감정 소개하기	자기소개 (《활동 1-1》) 마음이와 감정친구들 (《활동 1-2》)
마무리	• 소감 나누기, 정리하기	간식

 이번 회기는!

프로그램의 목적, 시간, 장소 등 전반적인 구조에 대해 오리엔테이션을 실시한다. 또한 함께 참여할 집단 구성원들이 각자를 소개하고 서로에 대해 알아보면서 앞으로 프로그램이 원활하게 진행될 수 있도록 한다. 무엇보다

첫 회기는 아동의 참여 동기를 높여 주는 것이 중요하므로 즐거운 분위기에서 프로그램 참여의 필요성에 대해 강조하여 설명하도록 한다.

 활동 내용

도 입

1) 프로그램과 집단 구성원 소개

★ 치료자와 보조치료자가 먼저 집단 구성원들에게 이름 등을 소개한 뒤, 함께 참여하게 된 소감을 이야기한다. 다음으로 아동이 돌아가면서 자발적으로 이름, 학교, 학년, 참여 소감이나 집단에 대한 기대 등에 대해 간단히 이야기하도록 한다.

★ '내 마음을 알아봐' 라는 프로그램 제목이 어떤 의미인지 질문하고 아동의 반응을 탐색해 본다. 이를 바탕으로 정서발달 향상 프로그램은 '나와 다른 사람의 감정을 알고 내 감정을 조절하는 방법을 배우는 것' 이라고 정리한다. 나와 다른 사람의 감정을 알고 조절하게 되면 친구들과 좀 더 잘 지낼 수 있고, 행복해질 수 있기 때문에 감정을 아는 것이 중요하다는 점을 전달한다.

★ 프로그램의 의도를 명확하게 전달하고, 참여 동기를 증진시키기 위해서 아동에게 "내가 이 프로그램에 참여하게 된 이유가 뭘까?" 라는 질문을 한 뒤 자신의 생각을 자유롭게 이야기하도록 한다. 이야기를 나누는 과정에서 각자 자신만의 참여 이유를 알고 목표를 정할 수 있도록 격려한다.

2) 프로그램에 대한 오리엔테이션

★ 프로그램의 전체 회기와 일정, 진행 시간 등 전체 구조에 대해서 설명한다.

★ 프로그램에서 반드시 지켜야 할 규칙을 미리 정하여 알려 주거나 집단 구성원들과 함께 정해 본다.

예)

우리의 규칙

1. 프로그램에 적극적으로 참여한다.

2. 다른 사람이 말할 때 잘 듣는다.

3. 다른 사람의 기분을 상하게 하는 말이나 행동을 하지 않는다.

4. 지각이나 결석할 때는 미리 알린다.

★ 보상체계에 대한 설명

이 프로그램에서는 아동의 적절한 참여와 규칙 준수를 위해 보상체계를 사용한다. 보상체계는 프로그램을 진행하는 현장, 참여 아동, 치료자의 특성에 따라 달라질 수 있으며, 적용하지 않을 수도 있다.

예를 들어, 프로그램 규칙의 준수, 자발적인 참여 및 친사회적 행동, 회기 동안 가장 열심히 참여한 아동에 대한 보상(MVP) 등을 치료자가 융통성 있게 정할 수 있고, 이에 대해 아동에게 명확하게 설명하여 혼돈이 없도록 한다. 치료자가 보상 행동에 관한 명확한 자세와 태도를 견지하며, 보상의 판단과 적용은 치료자에게 권한이 있음을 알려 이로 인해서 불필요한 실랑이가 발생하지 않도록 한다.

1) 자기소개와 퀴즈

★ 자기소개(〈활동 1-1〉) 활동지를 아동에게 나누어 준다. 자기소개 활동지에는
'좋아하는 놀이, 잘하는 것, 장래희망' 등에 관한 질문이 적혀 있다. 자신에 대해서
잠시 생각해 보고 활동지를 완성하도록 한다. 완성 후 돌아가면서 활동지의 내용을
발표한다. 이때 발표 후에는 이에 대한 퀴즈 게임을 할 것이라고 미리 이야기해 주
어 다른 아동이 발표하는 내용에 대해 관심을 갖고 주의 깊게 들을 수 있도록 한다.

★ 자기소개 활동지를 모두 걷은 후에, 활동지의 내용을 하나씩 이야기하며 누구
인지 맞히는 퀴즈를 낸다. 퀴즈를 맞히는 것은 주의 깊게 잘 들었다는 의미이므로
이에 대해 강화한다. 가장 빨리 답하지는 못했지만, 그 아동의 또 다른 특징에 대
해서 기억하고 있는 아동도 격려한다.

2) 감정 소개하기

★ '마음이와 감정친구들'(〈활동 1-2〉)을 읽고 감정의 종류에 대해 질문하고, 주인
공과 비슷한 경험이 있는지에 대해서 이야기해 본다.

★ 다음의 감정 특성에 대해서 아동이 이해하기 쉽게 설명한다.

① 사람은 누구나 다양한 감정을 느낄 수 있고, 이는 자연스러운 것이다.

② '마음이와 감정친구들'의 주인공처럼 우리도 상황에 따라 다양한 감정을 느
낀다.

예) "감정은 바퀴 같아. 지금은 나쁜 기분이어도 곧 다른 기분으로 바뀔 수 있어. 좋지 않은 기분이 계속된다고 생각하면 우울하고 화가 날 수도 있어. 그리고 이 감정의 바퀴는 노력하면 스스로 바꿀 수도 있어."

마무리

⭐ 모든 아동이 돌아가면서 오늘 회기에 참여한 소감을 이야기하도록 한다. 이때 참여한 기분을 묻는 등 감정을 표현할 수 있도록 격려한다. 다음 주부터는 프로그램 시작에 자신의 기분을 이야기하는 시간이 있음을 알리고, 일주일 동안 지내면서 자신의 기분을 주의 깊게 살펴볼 수 있도록 한다.

다 양 한 감 정 알 기

유쾌한 감정 vs 불쾌한 감정

 활동 목표

1. 다양한 감정의 종류에 대해서 안다.

2. 감정과 자신의 경험을 연관 지을 수 있다.

3. 자연스러운 감정 표현을 격려한다.

 프로그램 개요 및 준비물

구 분	내 용	준비물
도 입	•인사, 규칙 설명, 지난 시간 복습, 오늘의 기분은?	규칙판, 오늘의 기분 (《활동 2-1》)
활 동	•다양한 감정 설명하기 ·감정 카드 분류하기 •감정과 관련된 경험 이야기하기	감정 카드 (《활동 2-2》)
마무리	•소감 나누기, 정리하기	간식

이번 회기는!

> 다양한 감정과 감정의 특성들에 대해서 설명한다. 감정에 대한 이해뿐만 아니라 감정을 크게 유쾌한 감정과 불쾌한 감정으로 분류할 수 있음을 인지한다. 간단한 게임을 하면서 아동이 자신의 감정 경험을 자연스럽게 이야기하도록 하는 것이 중요하다.

 활동 내용

도 입

★ 집단의 아동과 인사하고 집단 규칙을 다시 한 번 읽고 상기한다. 지난 시간에 이야기한 것처럼 프로그램의 시작에는 항상 오늘의 기분에 대해 이야기할 것임을 알린다. 돌아가면서 오늘의 기분을 이야기하게 한 뒤, 오늘의 기분(〈활동 2-1〉) 활동지를 아동에게 나누어 주고 작성하도록 한다. 다음 회기부터는 매 시간 도입 부분에서 오늘의 기분을 발표하고 작성할 것임을 이야기한다. 회기마다 모든 아동의 기분을 시각화해서 보여 줄 수 있는 보드를 만들어 사용할 수도 있다.

활 동

1) 다양한 감정 설명하기

★ 기본적인 감정 단어(긴장된, 무서운, 화나는, 외로운, 슬픈, 서운한, 샘나는, 부끄러운, 놀란, 기쁜, 행복한, 편안한, 감동적인, 뿌듯한, 설레는, 신나는)와 표정이 그려져 있는 감정 카드(〈활동 2-2〉)에서 표정만 보이도록 감정 단어를 가려 놓은 상태로 준비한다. 아동에게 그 표정이 어떤 감정인지를 물어보고, 언제 그런 감정을 느낄 수 있는지 이야기한다. 감정과 연결된 경험을 나누는 것을 어려워하는 아동에게는 "나는 ~때 이런 기분이야."라는 형식을 주고 단순하게라도 이야기할 수 있도록 격려한다.

 **POINT**

① 각 감정에 해당하는 일반적인 경험을 예로 들어 아동이 잘 이해할 수 있도록 한다.

② 특히 부정적인 경험에 대해 이야기했을 경우 충분히 공감하고, 그런 감정이 자연스럽고 당연하다는 것을 전달한다.

2) 감정 카드 분류하기

⭐ 감정에는 유쾌한 감정과 불쾌한 감정이 있다는 점을 설명한다. 불쾌한 감정도 당연하고 자연스러운 감정이며, 누구나 다 이런 감정을 가진다는 것을 이야기한 후, 카드를 모두 늘어놓고 유쾌한 감정과 불쾌한 감정으로 나누어 본다.

유쾌한 감정	불쾌한 감정
기쁜, 행복한, 편안한, 감동적인, 뿌듯한, 설레는, 신나는	긴장된, 무서운, 화나는, 외로운, 슬픈, 서운한, 샘나는, 부끄러운, 놀란

3) 감정과 관련된 경험 이야기하기

⭐ 승패가 빨리 결정되는 간단한 게임을 준비한다.

예) 끝에 숫자가 적힌 제비뽑기 막대, 해적 룰렛 등

⭐ 감정 카드를 책상 가운데 뒤집어 놓고, 게임에서 술래가 된 아동이 감정 카드를 뒤집어, 나온 감정과 관련된 자신의 경험에 대해 이야기한다. 감정에 적절한 이

야기를 하게 되면 보상 칩을 제공하고, 만약 이야기하지 못하면 자원하는 아동에게 기회를 준 후 적절하게 대답하면 보상 칩을 제공한다. 보상 칩을 가장 많이 받은 아동이 우승자가 된다. 치료자는 아동이 이야기했던 다양한 감정과 상황에 대해 정리해 주면서 모두 평소 다양한 감정을 느끼고 있음을 전달한다.

POINT

① 게임의 목적은 자신의 감정과 경험에 대해 자연스럽게 이야기하는 것을 독려하는 데 있다. 감정과 관련된 자신의 경험을 생각해 내고 이야기하기 어려운 아동이 있다면, 뽑은 카드의 감정에 국한되기보다는 '지금-여기', 즉 지금 게임하는 상황에서 기분이 어떤지를 표현하고 공감하도록 한다.
② 아동의 감정 표현이 명확하지 않다면 스스로 명료화할 수 있도록 돕는다.

마무리

★ 모든 아동이 돌아가면서 오늘 회기에 참여한 소감을 이야기하도록 한다. 이때 참여한 기분을 묻는 등 감정을 표현할 수 있도록 격려한다.
★ 회기 동안 적극적으로 참여했거나, 다른 사람의 이야기를 잘 경청했거나, 솔직하게 감정 표현을 하거나, 공감해 주는 등 프로그램에서 적절하게 행동했던 아동을 격려한다.

내 감 정 파 악 하 기

내 마음의 날씨

 활동 목표

1. 시각적인 활동을 통해 자신의 감정을 명확하게 인식할 수 있도록 한다.

2. 하루 동안 다양한 감정을 느낄 수 있음을 안다.

3. 감정이 상황이나 생각에 따라 변화된다는 것을 인식한다.

 프로그램 개요 및 준비물

구 분	내 용	준비물
도 입	• 인사, 규칙 설명, 지난 시간 복습, 오늘의 기분은?	규칙판, 오늘의 기분 (《활동 2-1》)
활 동	• 감정 도넛 그리기 • 감정과 날씨 연결하여 표현하기	감정 도넛 (《활동 3-1》) 다양한 날씨 (《활동 3-2》) 날씨와 마음 (《활동 3-3》) 내 마음의 날씨 (《활동 3-4》) 색연필, 마이크 등
마무리	• 소감 나누기, 정리하기	간식

 이번 회기는!

감정 도넛과 다양한 날씨 등의 시각활동을 통해 자신의 감정을 표현하도
록 한다. 특히 감정 도넛 활동을 통해 하루 동안 느끼는 감정의 다양성, 다

양한 날씨 활동을 통해 감정의 변화에 초점을 둔다. 아동에게 흥미를 유발하는 활동을 통해서 아동이 자연스럽게 감정을 언어화하도록 하는 것이 중요하다.

 활동 내용

도 입

★ 집단 아동과 인사하고 규칙을 다시 한 번 읽고 상기한다. 돌아가면서 오늘의 기분을 이야기하게 한 뒤, 오늘의 기분(〈활동 2-1〉)을 아동에게 나누어 주고 작성하도록 한다.

활 동

1) 감정 도넛 그리기

★ 하루 동안 느끼는 감정이 여러 가지 있음을 설명한다. 아침에 일어나서부터 지금까지 일어날 수 있는 몇몇 사건을 예로 들어서 이야기한다.

예) "오늘 아침에 일어났는데 내가 제일 좋아하는 소시지 굽는 냄새가 났어. 이럴 때 내 기분은 어떨까? 기분 좋게 학교에 도착했는데 내 짝이 내 책에다가 물을 쏟았어. 그러면 내 기분이 어떻지? 좋은 기분이 바뀌어 버릴 수도 있지. 그런데 점심시간에 친구가 미안하다고 사과하면서 아이스크림을 같이 사 먹자고 그랬어. 그럴 때 기분은 어때? 이렇게 우리는 하루 동안에도 하나의 감정만 느끼는 것이 아니라 다양한 감정을 느끼면서 살고 있어."

★ 자신의 감정을 한눈에 볼 수 있도록 감정 도넛(〈활동 3-1〉)을 진행한다. 내가 오늘(혹은 어제) 느꼈던 감정들이 무엇이었는지 생각해 보도록 하고, 각각의 감정에 대응되는 색깔을 결정하도록 한다. 그중 가장 많이 느꼈던 감정은 넓은 영역으로 표시하고, 조금 느꼈던 감정은 작게 표시하여 색칠하도록 한다. 자신의 감정 도넛을 발표하면서 자신이 주로 경험하는 감정들에 대해서 시각화할 수 있도록 돕는다.

 POINT

> 저학년의 경우는 감정과 색깔을 연결해서 알려 주기도 한다. 대부분의 경우 아동과 함께 감정과 색깔을 연결해 결정하는 것도 좋다(보통 화가 났을 때는 불을 연상하여 빨간색으로 하거나, 편안한 감정에는 초록색 등을 쓴다).

2) 감정과 날씨 연결하여 표현하기

★ 감정과 날씨는 늘 우리 주변에 있고 항상 변화한다는 공통점이 있다. 추상적이기 때문에 아동이 쉽게 이해하기 어려운 감정의 특성을 늘 경험하는 날씨에 비유하여 이해를 돕는다.
★ 아동에게 날씨의 종류에 대해 발표하도록 한다. 날씨도 감정처럼 매우 다양하며 계속해서 변화된다는 점을 설명한다. 다양한 날씨(〈활동 3-2〉)를 제시하고, 각

각의 날씨에 어떤 감정이 연상되는지 질문한다. 아동에 따라서 날씨와 감정 연결이 다를 수 있음을 수용한다.

예) "오늘같이 바람이 많이 부는 날도 있지만, 내일은 해가 뜨기도 하고, 겨울이 되면 눈이 펑펑 내리기도 해. 또 비가 많이 오는 날도 있지. 이렇게 우리 마음에도 여러 가지의 감정이 있고, 감정의 날씨는 계속해서 바뀔 거야."

★ 날씨와 마음(〈활동 3-3〉)을 통해 날씨와 감정이 연결된 예를 보여 준다.

예) "내가 화가 났을 때는 천둥 번개가 치는 날씨와 비슷해. 또 내가 슬플 때는 눈물이 날 때가 많아서 비가 오는 것 같아. 하지만 즐거울 때는 햇빛이 따뜻한 맑은 날씨 같아. 맑은 날을 시샘해서 갑자기 내리는 소나기는 질투 나는 내 기분 같아. 내가 외로울 때는 바람이 씽씽 부는 날씨 같아. 이렇게 날씨와 감정은 비슷하게 연결될 수 있어."

★ 아동에게 다양한 날씨(〈활동 3-2〉)와 내 마음의 날씨(〈활동 3-4〉)를 나누어 주고, 자신의 아침, 점심, 저녁의 기분과 상황을 날씨와 연결 지어 작성하도록 한다. 한 명씩 돌아가며 앞에 나와 마이크를 잡고 '내 마음의 날씨'를 기상 캐스터처럼 발표한다.

예) "오늘의 예찬이 날씨를 알려드리겠습니다. 오늘 아침 예찬이는 늦잠을 자서 엄마에게 혼나서 구름이 잔뜩 낀 슬픈 날씨였습니다. 학교에서는 친구가 나를 놀려서 화가 났기 때문에 천둥 번개가 치는 날씨였습니다. 하지만 친구가 사과하고 엄마가 친구를 초대해서 피자를 만들어 주셨기 때문에 오후에는 해가 쨍쨍한 행복한 날씨였습니다. 이상 오늘의 예찬이 날씨였습니다!"

마무리

★ 모든 아동이 돌아가면서 오늘 회기에 참여한 소감을 이야기하도록 한다. 이때 참여한 기분을 묻는 등 감정을 표현할 수 있도록 격려한다.

★ 회기 동안 적극적으로 참여했거나, 다른 사람의 이야기를 잘 경청했거나, 솔직하게 감정 표현을 하거나, 공감해 주는 등 프로그램에서 적절하게 행동했던 아동을 격려한다.

다 른 사 람 감 정 파 악 하 기

입장 바꿔 느껴 보기

 활동 목표

1. 다른 사람의 감정을 알아야 할 필요성을 이해한다.
2. 다양한 활동을 통해 다른 사람의 감정을 파악하는 연습을 한다.

 프로그램 개요 및 준비물

구 분	내 용	준비물
도 입	• 인사, 규칙 설명, 지난 시간 복습, 오늘의 기분은?	규칙판, 오늘의 기분 (《활동 2-1》)
활 동	• 다른 사람의 감정 파악하기 • 감정 인식 및 표현 게임	동영상 자료/동화책 『쓰레기통 속으로 들어간 진주』 감정 게임 카드 (《활동 4-1》), 감정 게임판 (《활동 4-2》)
마무리	• 소감 나누기, 정리하기	간식

 이번 회기는!

　　　다른 사람의 감정을 이해하는 것이 왜 중요한지를 알고, 동영상이나 동화
책 등 다양한 활동을 통해서 다른 사람의 감정을 파악하는 연습을 한다. 게
임을 통해 자연스럽게 감정을 이해하고 표현할 수 있도록 돕는다.

 활동 내용

도 입

★ 집단 아동과 인사하고 지난 시간 내용을 복습하는 것으로 시작한다. 오늘의 기분에 대해서 이야기하도록 하고 오늘의 기분(〈활동 2-1〉)을 작성하도록 한다. 이 때 이전 회기에서 다룬 대로 다양한 감정이 있을 수 있음을 이야기한 뒤, 작성한 기분 이외에도 다른 기분이 있었는지에 대해 이야기를 나눈다. 아동이 이야기한 내용과 감정에 대해서 경청하고 공감한다.

활 동

1) 다른 사람의 감정 파악하기

★ 다른 사람의 감정을 알고 이해해야 할 필요성에 대해서 설명한다.

예) "내 기분이 소중하고 존중받고 싶은 만큼 다른 사람의 기분도 중요하고 소중하게 다뤄야 해. 그래야 서로 좋은 관계를 유지할 수 있지. 만약 내가 너무 슬픈데, 가족들이나 친구들이 내 마음을 몰라주고 모른 척하면 어떨까? 반대로 만일 엄마가 너무나 화가 나 있는데, 그것도 모르고 계속해서 장난을 치면 어떻게 될까? 친구가 속상한 일이 있는데 그 마음도 몰라주고 계속 놀자고만 하면 어떨까?"라고 설명하며, 우선 다른 사람과 좋은 관계를 유지하기 위해서는 다른 사람의 기분에 관심을 가지고 이해하려고 노력하는 것이 중요한 것임을 설명한다.

★ 동영상이나 동화책 활동을 통해 주인공의 감정을 파악하는 것을 연습한다.

★ 다음은 『쓰레기통 속으로 들어간 진주』(2007)를 예로 진행되는 퀴즈 내용의 예시다. 그 밖에 집단 아동의 수준, 연령, 문제행동 등에 따라 감정이 포함되어 있는 동영상이나 책 등 다양하고 다른 활동을 활용할 수 있다.

진주의 감정 이야기

『쓰레기통 속으로 들어간 진주』(2007)를 시각 활동과 함께 들려주고, 내용 줄거리를 물어본 뒤, 주인공 진주의 기분에 대해 맞히는 게임을 실시한다.

1. 친구들이 놀리고 선생님께 혼났을 때 자신을 쓰레기 같다고 생각한 진주의 기분이 어땠을까?

2. 청소부 아저씨가 "안녕, 공주님!"이라고 했을 때 진주는 어떤 기분이었나? 왜 그런 기분이었을까? 그때 진주는 자신에 대해 어떤 생각을 가지고 있었기 때문일까?

3. 도레 아줌마가 급식을 도와주러 와서 처음 만난 날, 진주에게 미소를 지었을 때 진주는 어떤 기분이었나? 왜 그런 기분이었을까?

4. 도레 아줌마가 진주에게 "그건 네 잘못이 아니야."라고 이야기했을 때 진주의 기분은 어땠을까? 그때 진주는 무슨 생각을 했을까?

5. 자신을 놀리는 친구들에게 "나는 쓰레기가 아니야. 내가 멋진 애라는 걸 보지 못한다면 그건 여러분의 문제예요."라고 말했을 때 진주의 기분이 어땠을까?

6. 진주는 도레 아줌마와 여러 가지 이야기를 하고, 친구들과 산책도 하면서는 어떤 기분을 느꼈을까? 그때 어떤 생각을 했을까?

7. 마지막에 청소부 아저씨가 진주에게 예쁘다고 했을 때, 청소부 아저씨가 처음 그 말을 했을 때와 기분이 어떻게 달라졌으며, 왜 그럴까?

POINT

① 다른 사람들과 잘 지내기 위해서는 타인의 감정에 관심을 가져야 하며, 어떤 기분일지 생각해 보는 것이 중요하다.

② 같은 상황이라도 사람마다 느끼는 감정이 다르므로, 다른 사람의 입장에서 생각해야 한다.

③ 생각에 따라 감정이 달라질 수 있다. 예를 들어, 처음에 청소부 아저씨가 진주에게 예쁘다고 했을 때 진주는 자신이 예쁘지 않다고 생각했기 때문에 기분이 나빴지만, 마지막에는 자신이 괜찮은 아이라고 생각하고 있었기 때문에 청소부 아저씨의 예쁘다는 말에 기분이 좋았다는 것을 강조해서 설명해 주어야 한다. 생각에 따라서 감정이 달라지는 것에 대해 예를 들어 아동과 충분히 이야기를 나누어 본다.

2) 감정 인식 및 표현 게임

★ 〈활동 4-1〉, 〈활동 4-2〉에 제시된 카드와 게임판을 사용하여, 게임을 진행한다. 감정 게임은 각각의 말을 가지고 주사위를 돌려서 나온 숫자만큼의 칸을 이동하는 게임이다. 게임판은 세 가지 색깔의 칸으로 이루어져 있는데, 주사위를 굴려 도착한 칸의 색깔 카드를 뽑아서 카드 미션을 수행한다. 세 가지 카드 종류는 이야기 카드, 행동 카드, 감정 카드다. 만약 미션에 실패하면 원하는 다른 아동에게 기회를 줄 수 있다. 가장 먼저 도착한 아동이 승리한다.

카드의 종류

 빨간색 카드 '이야기 카드' 〉〉〉 평소에 잘 말하지 못했던 것을 이야기하기

 파란색 카드 '행동 카드' 〉〉〉 행동 미션을 수행하기

 노란색 카드 '감정 카드' 〉〉〉 자신의 감정이나 타인의 감정을 인식해서 표현하기

마무리

★ 모든 아동이 돌아가면서 오늘 회기에 참여한 소감을 이야기하도록 한다. 이때 참여한 기분을 묻는 등 감정을 표현할 수 있도록 격려한다.

★ 회기 동안 적극적으로 참여했거나, 다른 사람의 이야기를 잘 경청했거나, 솔직하게 감정 표현을 하거나, 공감해 주는 등 프로그램에서 적절하게 행동했던 아동을 격려한다.

감 정 의 강 도 이 해 하 기

감정 온도계

 ## 활동 목표

1. 같은 감정이라도 상황이나 생각에 따라 느끼는 강도가 다를 수 있음을 안다.

2. 비슷한 감정 단어들을 강도에 따라 배열하고 차이를 인식할 수 있다.

3. 자신의 경험과 감정의 강도를 연결시킬 수 있다.

 ## 프로그램 개요 및 준비물

구 분	내 용	준비물
도 입	• 인사, 규칙 설명, 지난 시간 복습, 오늘의 기분은?	규칙판, 오늘의 기분 (《활동 2-1》)
활 동	• 감정 강도(감정 온도계) 이야기 • 강도에 따라 감정 단어 배열하기	감정 강도 카드 (《활동 5-1》) 감정 강도 활동판 (《활동 5-2》)
마무리	• 소감 나누기, 정리하기	간식

 ## 이번 회기는!

> 같은 감정이라도 상황이나 경험에 따라 감정의 강도가 다르게 느껴질 수 있다는 것을 이해하는 시간이다. 또한 비슷한 감정 단어들도 각각 강도가 다를 수 있음을 인지하여, 감정 표현의 다양성과 깊이를 이해할 수 있도록 돕는다.

 활동 내용

도 입

★ 집단 아동과 인사하고 지난 시간 내용을 복습하는 것으로 시작한다. 오늘의 기분(〈활동 2-1〉)에 대해서 이야기하고 작성하도록 한다. 이때 아동의 기분과 아동이 그런 기분을 느꼈을 때 주변 사람은 어땠을지(어떤 기분이었을지)에 대해 함께 질문하고 이야기를 나눈다. 아동이 이야기한 내용과 감정에 대해서 경청하고 공감한다.

활 동

1) 감정 강도(감정 온도계) 이야기

★ 우리는 하루에 다양한 감정을 느끼는데, 같은 감정이라도 상황에 따라 강하게 느끼기도 하고, 약하게 느끼기도 한다. 즉, 하나의 감정에도 강하고 약함이 있다는 것을 설명하고, 이를 '감정 온도'라는 단어로 설명할 수 있음을 이야기한다.

예) "하나밖에 남지 않은 사탕을 바닥에 떨어뜨렸을 때, 내가 정말 아끼는 장난감이 부서졌을 때, 모두 '화'라는 감정을 느낄 수가 있어. 하지만 사탕이 떨어진 것과 아끼는 장난감이 망가졌을 때 중 언제 더 크게 화가 날 것 같니? 또한 TV에서 재미있는 만화를 볼 때와 놀이동산에 놀러갔을 때 둘 다 '즐거움'이라는 감정을 느낄 수 있지만, 즐거움의 강도에는 차이가 있을 수 있어. 그리고 이건 사람마다 모두 다를 수 있단다."

"우린 앞으로 이걸 감정 온도라고 부를 거야. 같은 감정이라도 온도가 다 다를 수 있지. 감정 온도는 1부터 10까지 있어. 1점은 아주 약한 감정을 느끼는 것이고, 10점은 아주 강한 감정을 느끼는 것이란다."

★ 도입 부분에서 작성한 오늘의 기분(〈활동 2-1〉) 활동지를 다시 나누어 주고 이에 대해 이야기한다. 돌아가면서 '오늘의 기분'의 온도를 이야기하고, 그보다 높은 온도와 낮은 온도에 해당하는 경험을 말해 본다. 예를 들어, 오늘의 기분이 '즐거운'이라고 대답한 아동에게 감정 온도가 몇인지 물어보고(1~10의 숫자), 그 온도보다 낮은 즐거움의 경험, 그 온도보다 높은 즐거움의 경험은 무엇인지를 이야기해 본다.

★ 아동이 이야기한 내용을 바탕으로 같은 감정이라도 사람과 상황에 따라서 다른 온도를 느낄 수 있다는 점을 다시 한 번 강조해서 이야기한다.

저학년 아동의 경우, 감정 온도 이야기를 하면서 자신이 고른 감정 카드 위에 1부터 10까지 느끼는 정도만큼 칩을 올려보거나, 온도계 판을 만들어 칸 수만큼 올리고 내리는 활동을 하는 등 다양한 시각적 활동과 연결하면 더 쉽게 이해할 수 있다.

2) 강도에 따라 감정 단어 배열하기

★ 하나의 감정에도 다양한 온도가 존재하듯이 비슷해 보이는 여러 감정들에도 다양한 강도가 있다. 아동과 함께 비슷한 느낌의 감정 단어들을 강도에 따라 분류해 봄으로써, 감정 인식과 표현의 다양성과 깊이를 이해할 수 있도록 한다.

★ 감정 강도 카드(〈활동 5-1〉) 중, 우선 '유쾌한 감정'에 속하는 감정 카드 5개 (흐뭇한, 기쁜, 신나는, 행복한, 황홀한)를 무선적으로 섞어서 제시하고 아동과 함께 어떤 감정 단어의 강도가 약하게 혹은 강하게 느껴지는지 이야기하며 배열해 보도록 한다. 정확한 배열을 맞히는 것보다 단어들에 따라 느껴지는 강도가 다를 수 있다는 점을 설명하고 아동의 의견을 듣고 나누는 것이 중요하다. 감정 강도 활동판(〈활동 5-2〉)을 이용하여 배열해 보도록 한다.

★ 불쾌한 감정 중 '슬픈 감정'과 관련된 감정 단어 5개(속상한, 슬픈, 우울한, 괴로운, 비참한)와 '화나는 감정'과 관련된 감정 단어 5개(짜증 나는, 신경질 나는, 화나는, 분한, 격노한)도 각각 칠판에 제시하고 강도에 따라 분류할 수 있도록 한다.

분 류	강도(약함 → 강함)
유쾌한 감정	흐뭇한, 기쁜, 신나는, 행복한, 황홀한
슬픈 감정	속상한, 슬픈, 우울한, 괴로운, 비참한
화나는 감정	짜증 나는, 신경질 나는, 화나는, 분한, 격노한

※ 이는 예시일 뿐 정확한 정답이 아니다. 분류하는 동안 미묘한 차이에 대한 이야기를 나누는 데 중점을 둔다.

★ 모든 아동의 의견을 바탕으로 공통된 강도의 순서를 정한 뒤, 사람마다 순서가 다를 수 있으므로 가장 약한 감정을 느꼈던 경험, 가장 강한 감정을 느꼈던 경험을 발표하는 데 중점을 둔다. 아동에 따라 감정 단어에 대한 강도를 다르게 느낄 수도 있고, 경험과 연결시키는 과정에서도 같은 경험을 다른 단어와 연결시킬 수 있으므로 개인차에 대한 부분을 충분히 수용하며, 오히려 이러한 차이를 바탕으로 이야기를 나눌 수 있도록 한다.

마무리

★ 모든 아동이 돌아가면서 오늘 회기에 참여한 소감을 이야기하도록 한다. 이때 참여한 기분을 묻는 등 감정을 표현할 수 있도록 격려한다.

★ 회기 동안 적극적으로 참여했거나, 다른 사람의 이야기를 잘 경청했거나, 솔직하게 감정 표현을 하거나, 공감해 주는 등 프로그램에서 적절하게 행동했던 아동을 격려한다.

감 정 을 몸 으 로 표 현 하 기

마음과 몸

 활동 목표

1. 감정과 신체가 관련되어 있음을 인식한다.

2. 표정, 몸짓 등 신체로 감정을 표현할 수 있음을 안다.

3. 몸으로 감정을 표현하는 것을 연습한다.

 프로그램 개요 및 준비물

구 분	내 용	준비물
도 입	• 인사, 규칙 설명, 지난 시간 복습, 오늘의 기분은?	규칙판, 오늘의 기분 〈활동 2-1〉
활 동	• 감정에 따른 신체의 변화 • 몸으로 감정 표현하기	감정-신체 변화 그림카드 1 〈활동 6-1〉 감정-신체 변화 그림카드 2 〈활동 6-2〉 감정 카드 〈활동 2-2〉
마무리	• 소감 나누기, 정리하기	간식

 이번 회기는!

감정과 우리의 신체, 몸의 표현과의 관계에 대해 알아보는 회기다. 감정
에 따라 신체가 변화되는 것을 통해, 자신과 다른 사람의 감정을 알아차릴
수 있다는 것을 인식하도록 돕는다. 또한 감정을 표현하는 것이 어떠한 이

점이 있는지에 대해 충분히 이해할 수 있도록 설명한다.

🎎 활동 내용

도 입

★ 집단 아동과 인사하고 지난 시간 내용을 복습하는 것으로 시작한다. 오늘의 기분(〈활동 2-1〉)에 대해서 이야기하고 작성하도록 한다. 이때 지난 시간에 이야기한 내용처럼 오늘의 기분에 대한 온도를 묻고 이야기를 나눈다. 아동이 이야기한 내용과 감정에 대해서 경청하고 공감한다.

활 동

1) 감정에 따른 신체의 변화

★ 아동과 '화나는' '신나는' '무서운' '긴장된' 각각의 감정 상황에서 우리 몸에 어떤 변화가 일어나는지에 대해서 브레인스토밍한다. 아동이 제시한 의견들을 바탕으로, 우리의 감정과 신체는 밀접하게 연결되어 있어서 감정에 따라 신체가 변화된다는 점, 반대로 신체의 변화를 보면 감정을 알아차릴 수 있다는 점을 설명한다.

★ 감정-신체 변화 그림카드 연결하기 게임

감정에 따른 신체 변화가 그려진 4개의 그림(〈활동 6-1〉)과 4개의 감정 단어(화나는, 신나는, 무서운, 긴장된)를 연결하는 간단한 게임을 실시한다. 신체 그림과 감정 단어를 연결해 보고, 하나하나의 감정에 대해서 그 감정을 떠올리며, 각 신체 변화를 느껴 본다.

감 정	신체 변화
화나는	머리가 혼란스러움, 얼굴이 빨갛게 달아오름, 눈꼬리가 올라감, 목소리가 커짐, 심장이 두근거림, 몸에 열이 오름, 주먹을 쥐게 됨
신나는	머리가 맑음, 얼굴이 상기됨, 입꼬리가 올라감, 심장이 가볍게 두근거림, 온몸이 가볍고 날아갈 것 같음
무서운	머리카락이 쭈뼛해짐, 얼굴이 하얗게 질림, 동공이 커짐, 온몸이 경직됨, 심장이 쿵쾅거리고 숨이 가빠짐, 몸이 떨림
긴장된	머릿속이 텅 빈 것 같고 어지러움, 얼굴 표정이 굳음, 입이 바짝바짝 마름, 목소리가 떨림, 땀이 남, 심장이 두근거리고 속이 울렁거림

★ 아무 것도 그려지지 않은 신체 그림(〈활동 6-2〉)과 각각의 감정 단어를 제시한 후, 각 감정에 따라 어떤 신체 변화가 있었는지 기억하는 퀴즈를 실시한다.

2) 몸으로 감정 표현하기

★ 자신의 감정을 표현하거나 다른 사람의 감정을 알아채는 데에는 여러 가지 방법이 있다. 그중 가장 기본이 되는 것은 표정과 몸짓 등 몸을 통한 감정 표현이다.

★ 우선 상대방의 감정을 어떻게 알 수 있는지 이야기를 나누어 본다. 앞서 배웠던 것처럼 상대의 신체 변화를 주의 깊게 관찰하는 것을 통해 감정을 알아챌 수도 있고, 표정이나 표정의 변화, 눈빛이나 시선 등을 통해서 알 수 있음을 인지시킨다

(이번 회기는 신체를 통한 감정 표현이 초점이므로 언어적인 측면에 대해서는 다음 회기에 이야기하기로 한다).

★ 몸으로 감정 설명하기 게임

2회기에 사용한 감정 카드(〈활동 2-2〉) 16장을 이용하여, 한 아동이 앞에 나와 하나의 감정을 선택해서 문제를 내고 다른 아동이 맞히는 게임을 진행한다.

문제 난이도를 수준 1과 수준 2로 나눈다. 수준 1은 말 없이 몸짓이나 표정, 행동으로만 감정을 표현하여 맞히고, 수준 2는 앞 단계에서 못 맞출 경우 말로 설명해서 감정을 맞히도록 한다. 수준 1과 수준 2의 점수를 달리하여 점수를 많이 획득한 사람이 이기는 것으로 한다.

문제를 내는 동안 적절하지 않은 표정이나 행동이 나타났다면 이에 대해서 다시 이야기를 나누고, 감정을 제대로 표현하는 것이 중요하다는 점을 강조하고 마무리한다.

마무리

★ 모든 아동이 돌아가면서 오늘 회기에 참여한 소감을 이야기하도록 한다. 이때 참여한 기분을 묻는 등 감정을 표현할 수 있도록 격려한다.

★ 회기 동안 적극적으로 참여했거나, 다른 사람의 이야기를 잘 경청했거나, 솔직하게 감정 표현을 하거나, 공감해 주는 등 프로그램에서 적절하게 행동했던 아동을 격려한다.

감 정 을 언 어 로 표 현 하 기

마음 이야기하기

 활동 목표

1. 감정을 언어로 표현하는 것의 필요성에 대해서 이해한다.

2. 자신의 감정을 말로 표현하는 것을 연습한다.

3. 감정을 표현한 후 상대방의 반응을 예측하고 자신의 기분 변화를 인식한다.

 프로그램 개요 및 준비물

구 분	내 용	준비물
도 입	• 인사, 규칙 설명, 지난 시간 복습, 오늘의 기분은?	규칙판, 오늘의 기분 (《활동 2-1》)
활 동	• 감정을 말로 표현하기 · 감정 표현 연습하기	손인형
마무리	• 소감 나누기, 정리하기	간식

이번 회기는!

    상대방에게 자신의 감정을 적절하게 말로 표현하는 것은 나와 상대방 그리고 관계에서 중요하다는 것을 설명하고 연습한다. 말로 적절하게 표현하는 것이 어떤 점에서 이익이 되는지에 대해서 구체적으로 예를 들어 설명한다. 이번 회기의 핵심 사항은 감정을 표현하는 말을 반복해서 연습하여 익숙해지는 것 그리고 그것이 왜 좋은지 이해하는 것이다.

🦗 활동 내용

도 입

★ 집단 아동과 인사하고 지난 시간 내용을 복습하는 것으로 시작한다. 집단 규칙을 다시 한 번 읽고 상기시킨 후, 오늘의 기분(〈활동 2-1〉)에 대해서 이야기하고 작성하도록 한다. 아동이 이야기한 내용과 감정에 대해서 경청하고 공감한다. 한 아동이 이야기하는 동안 다른 아동이 잘 듣고 주의를 기울일 수 있도록 적절하게 질문하거나 보상한다.

활 동

1) 감정을 말로 표현하기

★ 우리가 감정을 제대로 표현하지 못하고 참거나 혹은 폭발적이거나 공격적인 방식으로 표현하다 보면 좋지 않은 피드백을 받게 되고, 좋은 기분을 유지하는 것이 어려워진다. 지난 시간에 배웠던 표정이나 몸짓을 통해 나의 감정이 전달되기는 하지만, 보다 정확하게 전달하기 위해서는 언어적인 표현이 중요하다는 점을 설명한다.

예)

	폭발적인 표현	상대방에게 소리를 꽥 지르고 신경질을 낸다.
화났다	몸으로 표현	화난 표정으로 주먹을 불끈 쥐고 앉아 있다.
	언어로 표현	"나 학교에서 친한 친구랑 싸워서 기분이 아주 나빠."

★ 감정을 말로 표현하는 것의 장점

① 내 감정을 명료화할 수 있다

내 감정을 재빨리 알아차리고 이를 언어적으로 표현함으로써 내가 현재 느끼고 있는 감정에 대해서 더 잘 이해하게 된다. 이것은 나에 대해서 잘 알게 되는 계기가 될 수도 있으며, 이후 나의 행동을 결정하는 데에도 중요한 역할을 한다.

② 다른 사람이 내 감정을 좀 더 정확하게 이해할 수 있다

다른 사람이 내 감정을 알아주고 이해해 주기만 해도 마음이 편안해지기도 한다. 내가 감정을 제대로 표현하지 못하면, 다른 사람이 내 마음을 알 수가 없기 때문에 내가 원하는 반응을 얻기 어렵다.

2) 감정 표현 연습하기: 역할극

★ 도입 부분의 '오늘의 기분'에서 이야기한 감정의 구체적 상황에 대해서 물어본다. 그런 상황에서 어떻게 했는지, 언어로 잘 전달하려면 어떻게 말하는 것이 좋은지에 대해서 이야기해 본다. 대부분의 경우 말로 감정을 표현하는 데 서툴기 때문에 구체적인 예문을 통해 이해를 도울 수 있다.

예) 선생님께 칭찬받았을 때: "선생님께 칭찬받아서 기분이 정말 좋아요. 신나요."

친구들이 놀렸을 때: "친구들이 놀려서 정말 화가 나요."

좋아하는 장난감이 부서졌을 때: "장난감이 부서져서 너무너무 속상하고 슬퍼요."

POINT

① 감정을 언어적으로 표현하는 것은 거창한 것이 아니다. 그런 기분이 느껴진 이유와 감정을 솔직하고 간단하게 표현하면 된다.

② 감정을 언어로 표현하는 것은 간단해 보이지만, 실제로 사용하는 것은 쉬운 일이 아니다. 그러므로 반복해서 따라하거나 역할극을 하면서 익숙해지도록 연습하는 것이 중요하다.

★ 역할극 (1)-치료자 모델링

'오늘의 기분' 상황에 대해 다시 구체적으로 대화를 나눈 뒤, 손인형을 이용하여 역할극을 실시한다. 역할극 (1)에서는 치료자가 모델이 되는 것의 목적이므로 다음과 같은 역할을 맡는다.

① 치료자: 주인공 아동의 역할(감정을 표현하는 아동)

② 아동: 상대방의 역할(다음 예에서 장난을 치는 친구)

역할극은 치료자가 아동의 역할을 하면서, 그 상황에서 적절하게 감정을 표현하지 못하는 경우와 언어로 분명하게 표현하는 경우 등의 두 가지를 시연한다.

역할극을 실시한 후에, 상대방 역할을 한 아동에게 역할극을 할 때 기분이나 생각을 물어본다. 상대방이 감정을 적절하게 표현했을 경우와 그렇지 않을 경우에 어떻게 느꼈는지에 초점을 맞춰서 이야기하도록 한다.

예 1) 쉬는 시간에 책을 읽고 있는데 친구가 뒤에서 장난을 걸어온다. 이때 벌떡 일어나 "야! 너 뭐야!" 하며 책을 바닥에 던진다. 이럴 때 장난친 아이는 어떤 기분인지 물어본다.

예 2) 같은 상황에서 "네가 그렇게 하면 나 기분 나빠. 그러니까 장난치지 마."라고 말할 때 장난친 아이는 어떤 기분인지 물어본다.

★ 역할극 (2)-연습하기

역할극 (2)에서는 (1)에서 했던 역할을 서로 바꾸어 실시한다. 즉, 아동이 주인공 아동의 역할을 맡고 치료자는 상대방의 역할을 한다.

역할극을 실시한 후에, 아동에게 역할을 할 때 기분이나 생각에 대해 물어본다. 이때 분명하게 표현하고 난 후의 감정 변화에 초점을 맞추어 질문한다. 예를 들면, 표현하기 전과 비교해서 자신의 감정을 명확하게 표현하고 난 후 기분이 어땠는지를 물을 수 있다.

POINT

감정을 적절하게 표현하면, 자신의 기분이나 생각도 달라질 수 있을 뿐만 아니라, 상대방의 반응도 달라질 수 있다. 예를 들어, 감정을 적절하게 표현할 때마다 당장은 상대방의 행동이 달라지지 않는다 하더라도 이후의 행동에 영향을 줄 수 있다. 이러한 변화를 인지적으로 이해할 수 있도록 한다.

★ 모든 아동이 돌아가면서 오늘 회기에 참여한 소감을 이야기하도록 한다. 이때 참여한 기분을 묻는 등 감정을 표현할 수 있도록 격려한다.

★ 회기 동안 적극적으로 참여했거나, 다른 사람의 이야기를 잘 경청했거나, 솔직하게 감정 표현을 하거나, 공감해 주는 등 프로그램에서 적절하게 행동했던 아동을 격려한다.

정 서 조 절 하 기 Ⅰ

내 마음 보여 주기 vs 마음 숨기기

 활동 목표

1. 정서조절의 개념 및 필요성에 대해 안다.

2. 상황에 따라 감정을 표현하거나 차단해야 하는 이유를 안다.

3. 감정 표현 시, 상황의 적절성을 판단하는 능력을 향상한다.

 프로그램 개요 및 준비물

구 분	내 용	준비물
도 입	• 인사, 규칙 설명, 지난 시간 복습, 오늘의 기분은?	규칙판, 오늘의 기분 《활동 2-1》
활 동	• 정서조절 및 필요성 설명하기 • 정서조절 게임	감정 퀴즈 《활동 8-1》 O/✕ 판
마무리	• 소감 나누기, 정리하기	간식

 이번 회기는!

지금까지 배웠던 다양한 감정 표현 방법이 상황이나 상대방에 따라 달라질 수 있음을 이해하는 회기다. 따라서 상황에 따른 감정 표현의 유무를 판단하는 능력을 키우는 것이 중요하며, 이는 정서조절의 기본 능력이다.

 활동 내용

도 입

★ 집단 아동과 인사하고 지난 시간 내용을 복습하는 것으로 시작한다. 집단 규칙을 다시 한 번 읽고 상기한 후, 오늘의 기분에 대해서 이야기한다. 아동이 이야기한 내용과 감정에 대해서 경청하고 공감한다. 지난 시간에 배운 내용대로 감정이 일어난 이유와 감정을 언어화하여 구체적으로 표현할 수 있도록 격려한다.

활 동

1) 정서조절 및 필요성 설명하기

★ 정서조절의 하위 능력 중 하나는 '정서적 상황에 개입, 지속 혹은 초연할 수 있는 능력'으로 그러한 정서가 자신에게 유익한지 또는 실용적인지 숙고하여 정서를 표현하거나 차단하는 능력을 말한다. 이러한 정서조절의 능력을 다음의 예를 들어 구체적으로 전달하고 이야기 나눈다.

예) "내가 공부를 하고 있는데 친구가 툭툭 건드리면서 괴롭힐 때, 강한 목소리로 '하지 마!' 또는 '지금 공부하고 있는데 네가 이러면 방해가 돼!'라고 말하는 것은 적절한 표현 방법이야. 그러나 이를 수업 시간에 하는 것과 쉬는 시간에 하는 것은 어떻게 다를까?" "그렇다면 각각의 상황에서 어떻게 표현하는 것이 좋을까?"

2) 정서조절 게임

★ 감정이 유발되는 상황에서 감정을 표현하는 것과 차단하는 것 중 어떤 것이 적절한지 ○/× 게임을 통해 알아본다(〈활동 8-1〉). 그리고 그 이유와 행동의 결과에 대해서도 이야기 나눈다. 치료자가 제시한 상황 이외에도 아동이 생각하기에 감정을 조금 참았다가 표현해야 하는 상황에는 어떤 것이 있는지 자유롭게 이야기한다.

퀴즈 리스트

- 시험에서 100점을 맞아서 기분이 좋았다. 교실에서 만세를 부르며 휘파람을 분다.

- 친구가 준 생일선물이 마음에 들지 않았다. 친구 앞에서 얼굴을 찡그리며 마음에 안 든다고 이야기한다.

- 수업 시간에 선생님이 중요한 말씀을 하시는데, 뒤에 앉은 친구가 자꾸만 의자를 발로 차서 화가 났다. 친구에게 하지 말라고 소리를 지른다.

- 선생님께서 나를 오해하고 혼내셔서 화가 나고 억울했다. 선생님의 말씀이 끝날 때까지 잠시 참았다가, 선생님께 사실을 이야기한다.

- 수업 시간에 짝꿍은 꾸중을 들어서 속상해하고 있는데 나는 칭찬을 받아서 기분이 좋았다. 나의 기쁜 마음을 표현하기보다는 친구의 속상한 마음을 위로하고, 집에 가서 엄마에게 자랑한다.

- 엄마가 나를 위해 떡볶이를 만들어 주셨는데, 맛이 없어서 실망스러웠다. 애써 미소를 보이며 엄마에게 감사하다는 마음과 맛있다는 말을 전한다.

● 방과 후에 운동장에서 축구를 하는데, 친구가 자꾸 내 별명을 부르며 놀려서 속상하다. "놀리지 마! 나 지금 무지 무지 화났거든."이라고 큰 소리로 이야기한다.

● 학교에서 친구와 장난을 치다가 싸움이 생겨서 속상했다. 아빠가 들어오시면 이야기해야지 하고 생각하고 있었는데 아빠가 집에 들어오자마자 일을 너무 많이 해서 힘들다며 방으로 들어가셨다. 아빠가 쉴 수 있게 하려고 속상했던 마음은 주말에 이야기를 했다.

● 오랜만에 할머니 댁에 놀러 갔는데 할머니께서 선물이라며 옷을 사 주셨다. 그런데 마음에 들지 않았다. 할머니가 나를 위해 준비한 마음을 생각하며 웃으며 감사하다고 인사를 한다.

● 영화관에서 영화를 보는데 재미있는 장면이 나와서 즐거웠다. 친구와 큰 소리로 이야기하였다.

● 학교에서 친구가 놀려서 너무 속상했다. 집에 돌아온 뒤 엄마가 알면 속상해하실까 봐 엄마에게도 말하지 않고 내 방에 가서 혼자 운다.

★ 퀴즈를 진행하는 동안, 각각의 문항마다 O/×판을 이용해서 감정 표현 방법이 맞는지 틀린지를 판단하게 한 뒤, 정답이 '×'인 경우에 다음 두 가지를 질문하고, 실제로 적절한 방법을 시연해 볼 수 있도록 한다.

① "왜 이렇게 하면 안 될까?"

② "그렇다면 어떻게 해야 할까?"

예) 시험에서 100점을 맞아서 기분이 좋았다. 교실에서 만세를 부르며 휘파람을 분다.

❍ 정답은 X, 다음의 두 가지를 질문하고 시연하도록 한다.

① 왜 이렇게 하면 안 될까?

아무리 기분이 좋더라도 다른 친구들이 있는 교실에서 만세를 부르고 휘파람을 부는 것은 잘못된 행동이다. 시험을 잘 보지 못한 친구들이 화를 낼 수 있다.

② 그렇다면 어떻게 해야 할까?

속으로(혹은 작은 목소리로) "앗싸!" 하며 좋아한다. 조금 참았다가 집에 가서 환호성을 지르고 부모님께 자랑도 한다.

※ 여러 가지 정답이 있을 수 있다. 상황에 적절한 경우 모두 수용할 수 있고 실제로 시연해 볼 수 있도록 격려한다.

마무리

★ 모든 아동이 돌아가면서 오늘 회기에 참여한 소감을 이야기하도록 한다. 이때 참여한 기분을 묻는 등 감정을 표현할 수 있도록 격려한다.

★ 아동에게 앞으로 일주일 동안 상황에 적절하게 감정을 조절한 경험을 적어오는 숙제를 내주고 다음 주에 발표할 수 있도록 한다.

★ 회기 동안 적극적으로 참여했거나, 다른 사람의 이야기를 잘 경청했거나, 솔직하게 감정 표현을 하거나, 공감해 주는 등 프로그램에서 적절하게 행동했던 아동을 격려한다.

9
회기

정 서 조 절 하 기 Ⅱ

느끼기, 행동하기

 활동 목표

1. 정서조절 중 특히 분노조절의 필요성을 인식한다.

2. 정서조절의 다양한 방법에 대해 이해한다.

3. 정서조절 방법 중 자신에게 맞는 방법을 찾고 연습해 본다.

 프로그램 개요 및 준비물

구 분	내 용	준비물
도 입	• 인사, 규칙 설명, 지난 시간 복습, 오늘의 기분은?	규칙판, 오늘의 기분 (《활동 2-1》)
활 동	• 분노조절하기와 조절 방법 • 방법 ①–느끼기 • 방법 ②–행동하기	신문지, 그림 도구 악기, 쿠션 등
마무리	• 소감 나누기, 정리하기	간식

 이번 회기는!

▶ 여러 감정 중에서 가장 조절하기 어려운 분노 감정에 대한 조절에 초점을
맞춘다. 정서조절 방법에는 크게 네 가지 영역이 있으며, 이번 회기와 다음
회기에 걸쳐 이러한 방법들을 설명한다. 다양한 정서조절 방법 중 각 아동

에게 맞는 그리고 실제로 사용할 것 같은 방법을 선택해서 연습한다. 이러한 방법을 사용한 후에 감정이 변화되었는지에 대해서도 이야기한다.

회기 내용

도 입

★ 집단 아동과 인사하고 지난 시간 내용을 복습하는 것으로 시작한다. 집단 규칙을 다시 한 번 읽고 상기한 후, 오늘의 기분(〈활동 2–1〉)에 대해서 이야기한다. 아동이 이야기한 내용과 감정에 대해서 경청하고 공감한다. 한 아동이 이야기하는 동안 다른 아동이 잘 듣고 주의를 기울일 수 있도록 적절하게 질문하거나 보상한다.

활 동

1) 분노조절하기와 조절 방법

★ 정서를 조절할 때 가장 핵심이 되는 부분은 불쾌한 정서, 특히 분노를 조절하는 것이다. 일상생활에서 조절하지 못했을 경우 갈등을 겪을 수 있는 대표적인 감정이 분노이기 때문에 이번 회기와 다음 회기에서는 분노를 조절하기 위한 방법들

을 알아보고자 한다.

⭐ 『소피가 화나면 정말 정말 화나면』(2013)을 활용하여 다 같이 읽고 난 후, 주인공 소피가 왜 화가 났고, 화가 났을 때 감정이 어떻게 표현되었으며, 어떤 방법들을 통해 감정을 조절했는지에 대해 이야기해 본다.

⭐ 분노 감정은 조절되지 않고 계속 마음속에 쌓아 두면 언젠가는 폭발하거나 마음을 다치게 하기 때문에 조절하는 것이 필요하다는 점을 설명한다.

POINT

① 분노 감정은 때때로 당연하고 자연스럽게 생길 수 있다.

② 분노 감정은 계속 똑같이 유지되는 것이 아니라 시간이나 상황에 따라 변화된다(예: 소피처럼 처음에는 조금 화가 났지만, 점차 더 많이 화가 나서 화산처럼 폭발할 것 같다가, 다시 가라앉아서 평온해지는 것처럼 변화한다).

③ 분노 감정은 다양한 방법을 통해 진정되고 다스려질 수 있다.

④ 자신을 위해서 기분이 나아지려고 노력하는 것은 중요한 일이다.

⭐ 아동에게 각자 분노 감정을 느꼈을 때 어떻게 해 왔는지, 분노를 조절하는 좋은 방법이 있는지에 대해 브레인스토밍을 한다. 의견을 최대한 수용하여 이후에 제시되는 네 가지 방법과 연결짓도록 한다.

⭐ 분노조절 방법의 네 가지 영역

분노를 조절하는 방법은 크게 네 가지 영역으로 나눠 볼 수 있다.

※ 아동에게 이러한 영역의 구분은 이해하기 어려울 수 있으므로 저학년의 경우에는 영역에 대한 구분보다는 다양한 방법이 있음을 설명할 수도 있다.

| 정서조절 방법의 네 가지 영역 |

⭐ 네 가지 영역 중에서, 이번 회기에는 ① 느끼기와 ② 행동하기를 다루고, 다음 10회기에 ③ 생각하기와 ④ 말하기를 다룬다는 점을 설명한다.

2) 방법 ①-느끼기

⭐ 느끼기 방법은 실제로 감정을 느끼고, 그 느낌을 떠올리면서 다양한 활동을 함으로써 정서 변화를 가져오는 방법이다. 예를 들어, 만일 이전에 분노 감정을 느꼈다면, 그 감정을 떠올리면서 표출하는 활동을 통해 분노 감정을 조절한다.

⭐ 아동에게 설명할 때는 다음의 예를 참고하여 구체적으로 이해시킨다.

예) "예를 들어, 내가 친구 때문에 화가 났다면, 그 화난 상황을 떠올리면서 쿠션을 마구 치고 소리를 지르는 거지. 그러면 화난 기분이 조금 나아질 수 있어."

⭐ 이러한 느끼기의 다양한 방법들을 아동의 수준에 맞춰, 각각의 동물 특성에 비유하여 설명할 수 있다.

다양한 '느끼기' 방법들

● 개구리 방법: 심호흡하기

화가 났던 상황을 떠올리면서 신체 변화를 느껴본 후, 들숨과 날숨을 길게 쉬면서 근육을 이완한다. 아랫배가 개구리처럼 볼록하게 될 정도로 깊이 호흡한다. 이때 천천히 10까지 세어 보도록 한다.

● 킹콩 방법: 쿠션 치기

화가 나는 상황을 생각하고 왜 화가 났는지 이야기하며 킹콩처럼 쿠션이나 베개를 친다. 활동을 하고 난 후 화가 난 감정이 변화되었는지 이야기해 본다.

● 햄스터 방법: 신문지 찢기

화가 나는 상황을 생각하고 왜 화가 났는지 이야기하며 햄스터처럼 신문지나 잡지, 책 등을 찢는다. 활동을 하고 난 후 화가 난 감정이 변화되었는지 이야기해 본다.

● 원숭이 방법: 낙서하기

분노를 일으킨 대상이나 상황을 우스꽝스럽게 표현하고 낙서하는 것을 통해 감정을 다스릴 수 있다. 일반적으로 낙서가 금지된 곳(벽, 바닥 등)이 아닌, 낙서하기에 적절한 스케치북이나 종이, 신문 등을 사용해야 함을 강조한다.

● 호랑이 방법: 소리 지르기

화가 나서 답답한 마음을 소리를 지르면서 표현한다. 화가 난 대상에게 하고 싶은 말을 하는 것도 좋다. 산에 오르거나, 사람이 없는 넓은 장소에서 소리를 지르거나, 방에서 베개나 쿠션에 얼굴을 대고 소리를 지를 수도 있다.

● 문어 방법: 악기 두드리기

악기(드럼, 북, 심벌즈 혹은 냄비, 페트병 등)를 두드리면서 화가 난 감정을 표현하고 발산해 본다. 활동을 하고 난 후 화가 난 감정이 변화되었는지 이야기해 본다.

★ 연습하기

치료자가 미리 마련할 수 있는 필수 준비물이나 여러 가지 여건을 고려하여 아동이 선택한 몇 가지 방법들을 실제로 연습해 본다. 느끼기 방법을 연습할 때는 안전과 치료실 상황을 반드시 고려해야 한다.

POINT

① 느끼기 방법은 단순히 활동을 하는 것이 초점이 아니라 분노의 감정을 떠올리고, 느끼는 상태에서 그 감정을 표현하고 해소하는 것이 중요하다. 따라서 활동이 끝난 후에 감정이 어떻게 변화되었는지 확인한다.
② 느끼기의 다양한 방법들은 **안전하게** 표출되는 것이 중요하다. 이러한 방법들은 일반적인 상황에서는 허용되지 않는 행동일 수 있으므로, 때와 장소 등의 상황에 맞아야 함을 다시 한 번 강조한다. 또한 부모들에게도 미리 설명하여 가정에서 아동과 사전에 이야기를 나누고 상황을 확인한 뒤, 이러한 방법을 사용할 수 있도록 한다.

★ 다양한 방법들을 연습해 보고 난 이후에, 자신의 감정이 어떻게 변했는지 이야기해 본다. 솔직하게 이야기하도록 격려하고 '아무렇지도 않다.' 혹은 '더 화가 났다.' 등의 부정적인 이야기가 나오더라도 수용하되, 왜 효과가 없었는지에 대해서 논의해 본다. 아동이 감정을 조절하는 방법을 적절하게 사용할 수 있도록 다시 수정하고 연습해 볼 것을 격려한다.

3) 방법 ② - 행동하기

★ 행동하기 방법은 여러 가지 다양한 활동을 함으로서 정서적 변화를 가져오는 방법이다. 산책하기, 운동하기, 음악 듣기, 노래 부르기, 춤추기 등의 기분전환 활동을 하는 것과 가까운 친구를 만나서 기분이 좋아지는 일을 하는 것이 있다. 행동하기 방법은 프로그램 회기 내에서는 시연하기 어려우므로 다양한 행동하기 방법 중 자신에게 맞는 방법을 선택하고, 언제 해 볼 수 있는지 구체적으로 이야기하는 것으로 시연을 대체한다.

마무리

★ 모든 아동이 돌아가면서 오늘 회기에 참여한 소감을 이야기하도록 한다. 이때 참여한 기분을 묻는 등 감정을 표현할 수 있도록 격려한다.

★ 아동에게 앞으로 일주일 동안 화가 나는 상황에서 오늘 배운 방법들을 사용해서 연습해 볼 수 있도록 한다. 다음 시간에 함께 이야기 나눠 볼 것이라고 이야기한다.

★ 회기 동안 적극적으로 참여했거나, 다른 사람의 이야기를 잘 경청했거나, 솔직하게 감정 표현을 하거나, 공감해 주는 등 프로그램에서 적절하게 행동했던 아동을 격려한다.

정 서 조 절 하 기 III

생각하기, 말하기

 활동 목표

1. 분노조절의 방법 중 생각하기, 말하기 방법을 이해한다.
2. 생각하기, 말하기 방법을 연습하여 실제 생활에서 활용할 수 있도록 돕는다.

 프로그램 개요 및 준비물

구 분	내 용	준비물
도 입	• 인사, 규칙 설명, 지난 시간 복습, 오늘의 기분은?	규칙판, 오늘의 기분 (《활동 2-1》)
활 동	• 방법 ③-생각하기 • 방법 ④-말하기	생각하기 방법 (《활동 10-1》) 생각하기 상황 그림 (《활동 10-2》)
마무리	• 소감 나누기, 정리하기	간식

 이번 회기는!

　　지난 회기에 이어 분노조절하기와 조절 방법 중 세 번째 생각하기와 네 번째 말하기 방법에 대해 설명하고 연습하는 시간을 가진다.

　　특히 정서조절에서 생각하기와 말하기는 문제를 해결하는 데 좀 더 적극적이며 고차적인 단계이므로 아동이 다소 어려워하는 경향이 있다. 가능한 한 쉽게 예를 들어 구체적으로 이야기하는 것이 중요하며, 한 가지 방법이라도 자신에게 맞는 방법을 선택하여 실제 사용할 수 있도록 반복하는 것이 필요하다.

🦟 회기 내용

도 입

★ 집단 아동과 인사하고 지난 시간 내용을 복습하는 것으로 시작한다. 집단 규칙을 다시 한 번 읽고 상기시킨 후, 오늘의 기분에 대해서 이야기한다. 아동이 이야기한 내용과 감정에 대해서 경청하고 공감한다. 한 아동이 이야기하는 동안 다른 아동이 잘 듣고 주의를 기울일 수 있도록 적절하게 질문하거나 보상한다.

★ 특히 이번 회기는 지난 회기에 이어 정서조절의 다양한 방법 중 세 번째와 네 번째 방법에 대해 배우는 회기이므로, 지난 활동 내용을 되짚어 구체적으로 다시 한 번 복습을 하고 시작하는 것이 중요하다. 일주일 동안 느끼기와 행동하기 방법을 연습했는지 이야기를 나눈다.

활 동

1) 방법 ③-생각하기

★ 생각하기 방법은 정서에 대한 인지적 접근, 즉 생각의 변화를 통해 정서적 변

화를 유도하는 것이다. 생각이 달라지면 감정이 달라질 수 있다는 것을 이야기하되, 다음의 구체적인 예를 들어 설명한다.

예) "어떤 일을 반 정도 했을 때, '아, 벌써 반이나 했네.'라고 생각하면 뿌듯하고 힘이 나지만, '아직 반밖에 못했잖아.'라고 생각하면 기운이 빠지고 더 힘이 들어. 이렇듯 생각을 어떻게 하느냐에 따라서 기분이 바뀔 수도 있어."

★ 생각하기의 구체적인 방법

화가 날 때 사용할 수 있는 생각하기의 네 가지 방법에 대해 설명한다(〈활동 10-1〉).

① 원인 생각하기(부정적 감정의 원인 파악 및 이해)

"왜 이렇게 기분이 나쁘지?" "무엇 때문에 화가 났지?"

② 다르게 생각하기(다른 관점에서 문제를 생각하기)

"정말 그럴까?" "다른 가능성은 없을까?"

③ 위안이 되는 생각하기(긍정적인 결과에 대한 믿음)

"괜찮을 거야." "잘될 거야." "별일 아니야." "그래서, 뭐." "그럴 수도 있지."

④ 해결책 생각하기(문제를 변화시킬 수 있는 방법 찾기)

"그럼 어떻게 하지?"

TIP

사고를 통한 정서의 변화는 문제해결 단계 혹은 A(선행 사건)-B(생각, 신념)-C(결과)에 기반한 인지적 접근과 유사하다. 그러나 여기서는 초등학교 저학년 아동의 수준에 맞춰서 생각의 변화를 유도하는 간단한 틀만을 제시하고자 한다. 고학년 아동이나 청소년의 경우에는 기술한 것처럼 문제해결 과정이나 Ellis의 A-B-C 모형을 통한 인지적 접근을 적절하게 사용할 것을 권한다.

★ 생각하기 방법 연습하기

다음에 제시된 상황(〈활동 10-2〉)에 대해 생각하기 방법(〈활동 10-1〉)을 이용하여 연습해 본다.

|상황 1| 쉬는 시간에 화장실을 갔다가 교실로 돌아왔는데, 친구들이 모여서 뭔가를 이야기하고 있다가 나를 보자 갑자기 당황한 표정으로 하던 말을 멈춘다. 자기들끼리 눈짓을 주고받기도 하고, 몇몇 아동은 슬슬 자리를 피한다.

※ 이런 상황이라면 어떤 기분이 들겠는가? 화가 난다/당황스럽다/걱정된다/불안하다

1) 원인 생각하기

　예) 친구들이 나 몰래 내 험담을 하고 있는 것 같아 화가 났다.

2) 다르게 생각하기

　예) 내 험담을 한 게 아닐 수도 있어. 내가 몰라야 하는 다른 일이 있을 수도 있지.
　　깜짝 파티, 내 친구 이야기 아니면 나랑 상관없는 이야기를 했을 수도 있지.
　　(다양한 다른 가능성에 대한 이야기를 들어본다.)

3) 위안이 되는 생각하기

　예) '별일 아니야.' '그래서, 뭐.' '그럴 수도 있지.'

4) 해결책 생각하기

　예) 나중에 제일 친한 친구에게 물어본다.

|상황 2| 학교에서 돌아오는 길. 어제 엄마가 내가 제일 좋아하는 피자를 사 주겠다고 하셔서 친구의 놀자는 제안도 거절한 채 단숨에 집까지 뛰어왔다. 집에 들어서는데 엄마와 동생이 피자를 이미 둘이서 맛있게 먹고 있다. 식탁 위에는 빈 피자 상자만 놓여 있다.

※ 이런 상황이라면 어떤 기분이 들겠는가? 화가 난다/당황스럽다/깜짝 놀란다/서운하다

1) 원인 생각하기

　예) 엄마와 동생이 내가 좋아하는 피자를 나만 빼고 둘이서 다 먹어 버렸다고 생각하니 화가 난다.

2) 다르게 생각하기

　예) '내가 먹을 피자를 남겨 놓았을 거야.' '나를 위해 새로운 피자를 시켜 주실 거야.'(다양한 다른 가능성에 대한 이야기를 들어본다.)

3) 위안이 되는 생각하기

　예) '그래서, 뭐.' '그럴 수도 있지.'

4) 해결책 생각하기

　예) 엄마에게 내 것이 있는지 물어보고, 없으면 새로 시켜 달라고 한다.

　　서운한 내 마음을 이야기한다.

|상황 3| 하굣길. 학교 운동장에서 나하고 평소 사이가 좋지 않던 철수가 친구들과 축구를 하고 있다. 운동장 옆을 막 지나려는데 축구공이 날아와 내 머리에 '쾅!' 하고 부딪혔다. 너무 아파서 눈물이 날 것 같다.

※ 이런 상황이라면 어떤 기분이 들겠는가? 화가 난다/깜짝 놀란다

1) 원인 생각하기

예) 철수가 일부러 나에게 공을 찬 거라고 생각하니 더욱 화가 난다.

2) 다르게 생각하기

예) '일부러 나에게 공을 찬 건 아닐 거야.' '다른 친구가 찼을 수도 있어.'

(다양한 다른 가능성에 대한 이야기를 들어본다.)

3) 위안이 되는 생각하기

예) '그래서, 뭐.' '그럴 수도 있지.'

4) 해결책 생각하기

예) 축구하는 친구들에게 다음부터는 조심하라고 이야기한다.

2) 방법 ④ — 말하기

⭐ 말하기 방법은 자신의 감정을 다른 사람에게 이야기함으로서 정서를 조절하는 방법이다. 화가 나거나 불쾌한 감정이 일어난 상황에서 혼자서 애태우고 있기보다는 다른 사람에게 감정을 언어적으로 표현하면 기분이 나아지는 경험을 할 수 있다.

⭐ 말하기 방법의 예

말하기 방법은 다른 사람에게 내 감정을 이야기하는 것인데, 여기에는 두 가지 방법이 있다.

첫째, 친한 친구나 어른에게 자신의 감정을 이야기하고 위안을 얻는 방법

둘째, 부정적인 감정을 일으킨 상대방에게 자신의 감정을 전달해서 이야기하는 방법

⭐ 자신의 감정을 적절하게 상대방에게 이야기하는 것은 7회기에 다룬 내용을 참고하여 다시 한 번 아동에게 상기시키고, 덧붙여 대안을 제시할 수 있도록 한다.

1. 그런 기분이 느껴진 이유와 감정을 솔직하고 간단하게 표현하도록 한다(이유+기분).

   "네가 자꾸 놀리니까 화가 나." "동생이 내 피자를 다 먹어 버려서 화가 나."

2. 자신의 감정을 이야기하고 난 후 아동이 원하는 대안도 함께 이야기할 수 있도록 한다(이유+기분+대안).

   "그러니까 이제 그만 놀려." "하지마." "다음부턴 내 것도 챙겨 주면 좋겠어."

⭐ 말하기 방법 연습하기

앞서 제시한 상황 1, 2, 3에 대해서 말하기 방법을 연습하도록 한다. 아동이 각각 상황의 주인공이 되어서 적절하게 말하기를 시연하도록 하고, 교정해 주거나 격려해 준다.

마무리

★ 모든 아동이 돌아가면서 오늘 회기에 참여한 소감을 이야기하도록 한다. 이때 참여한 기분을 묻는 등 감정을 표현할 수 있도록 격려한다.

★ 회기 동안 적극적으로 참여했거나, 다른 사람의 이야기를 잘 경청했거나, 솔직하게 감정 표현을 하거나 공감해 주는 등 프로그램에서 적절하게 행동했던 아동을 격려한다.

★ 다음 주가 마지막 회기임을 알린다.

종 결

달라진 내 모습

 활동 목표

1. 그동안 배운 내용들을 복습한다.

2. 프로그램 전과 비교하여 감정에 대한 인식과 표현이 어떻게 변화되었는지 살펴본다.

3. 나만의 정서조절 및 표현 방법을 정리한다.

 프로그램 개요 및 준비물

구 분	내 용	준비물
도 입	• 인사, 규칙 설명, 지난 시간 복습, 오늘의 기분은?	규칙판, 오늘의 기분 《활동 2-1》
활 동	• 오늘의 기분 살펴보기 • 배운 내용 복습하기 • 나만의 감정책 만들기	나만의 감정책 《활동 11-1》
마무리	• 종결 소감 나누기, 종결 파티	간식

🐞 이번 회기는!

> 프로그램의 마지막 회기로 그동안 진행한 오늘의 기분을 전체적으로 살펴
> 봄으로써 자신의 감정 변화에 대해서 인지할 수 있도록 한다. 이와 함께 프
> 로그램 동안 배운 내용들을 구체적으로 복습하고, 나만의 감정책을 만들어

다시 한 번 감정 경험과 조절 방법들을 구체화할 수 있도록 돕는다. 마지막
회기이므로 그동안의 변화된 점 등 소감을 나누고 종결파티를 진행한다.

회기 내용

도 입

★ 집단 아동과 인사하고 지난 시간 내용을 복습하는 것으로 시작한다. 집단 규
칙을 다시 한 번 읽고 상기시킨 후, 오늘의 기분에 대해서 이야기한다. 아동이 이
야기한 내용과 감정에 대해서 경청하고 공감한다. 한 아동이 이야기하는 동안 다
른 아동이 잘 듣고 주의를 기울일 수 있도록 적절하게 질문하거나 보상한다.

활 동

1) 오늘의 기분 살펴보기

★ 그동안 진행했던 각자의 오늘의 기분(〈활동 2-1〉) 활동지를 확인하고 가장 주
된 감정을 살펴본 후 감정의 변화가 있었음을 인지하도록 한다. 또한 다른 아동의
오늘의 기분을 함께 살펴보고 피드백을 준다.

2) 배운 내용 복습하기

★ 아동에게 지난 10회기 동안 했던 활동을 떠올려보도록 한다. 아동의 의견을 정리하여 각 회기에서 핵심적으로 전달하고자 했던 내용을 확인한다.

주 제	핵심 내용
다양한 감정 알기	누구나 다양한 감정을 느낄 수 있다.
내 감정 파악하기	하루에도 여러 가지 감정을 느낄 수 있고 감정은 변할 수 있다.
다른 사람 감정 파악하기	다른 사람의 감정을 알아야 좋은 관계를 유지할 수 있다.
감정의 강도 이해하기	같은 감정에도 정도의 차이가 있다.
감정을 몸으로 표현하기	감정은 신체와 밀접하게 연관되어 있고 몸으로 표현된다.
감정을 언어로 표현하기	감정을 말로 정확하게 표현하는 것이 중요하다.
정서조절하기 I, II, III,	• 정서조절에는 느끼기, 행동하기, 생각하기, 말하기의 네 가지 방법이 있다. • 네 가지 방법 중에서 자신에게 맞는 조절 방법을 찾고 연습함으로서 자신의 감정을 조절하는 것이 중요하다.

3) 나만의 감정책 만들기

★ 그동안 배운 내용을 통합하여 나만의 감정책을 만든다(〈활동 11-1〉). 자신의 다양한 감정을 인지하고, 언제 그런 감정을 느꼈는지, 이를 어떻게 표현하고 조절할 것인지에 대해 적어 본다. 이를 통해 프로그램에서 다룬 여러 감정과 조절 방법들을 정리할 수 있다.

마무리

★ 모든 아동이 돌아가면서 그동안 프로그램에 참여한 소감을 이야기하도록 한다. 자신에 대해서 달라진 점이나 프로그램에 참여한 다른 아동이 변화된 점 등 긍정적인 점을 서로 이야기 나누고 격려한다.

★ 치료자가 집단 구성원이 프로그램을 통해 달라진 점에 대해 이야기하고 격려한다. 그리고 종결에 대한 감정을 나누고 종결 파티를 진행한다.

★★★

워크북

초등학생을 위한 정서발달 향상 프로그램
'내 마음을 알아봐'

자기소개

나의 이름 _____

🌷 내가 좋아하는 놀이는 (취미)?	🍬 내가 잘하는 것은 (특기)?
🧪 내가 좋아하는 과목과 싫어하는 과목은?	🌭 내가 좋아하는 음식과 싫어하는 음식은?
🐤 나의 장래희망 (꿈)은? 이유는?	🎁 내 성격 중에 가장 좋은 점은?
💜 만약 나이를 바꿀 수 있다면 몇 살이 되고 싶어? 이유는?	🐰 내가 가장 행복하고 즐거웠던 순간은?
🍄 나의 소원은?	👧 내 얼굴에서 제일 예쁜 곳은?

마음이와
감정친구들

안녕! 내 이름은 마음이야.

나는 친구가 참 많아.
내 친구들은 다양한 감정을 가지고 있지.
오늘은 내 친구들을 소개할게.

내 이름은
마음이~

이 친구는 웃음이야.

웃음이는 행복해 보여.
방학 때 여행을 가기로 해서 행복해졌나 봐.

넌 언제 행복하니?

웃음아,
안녕~

안녕! 와락아?

와락이는 전학 갔던 친구를 오랜만에 만났어.
정말 반가워하고 있네?

너는 어떨 때 반가운 마음이 드니?

안녕!
와락아?

어! 저기 으쓱이가 있다. 으쓱아, 안녕!

으쓱이는 뿌듯하대.
길 잃은 어린아이의 집을 찾아주었거든.

너는 어떨 때 뿌듯하니?

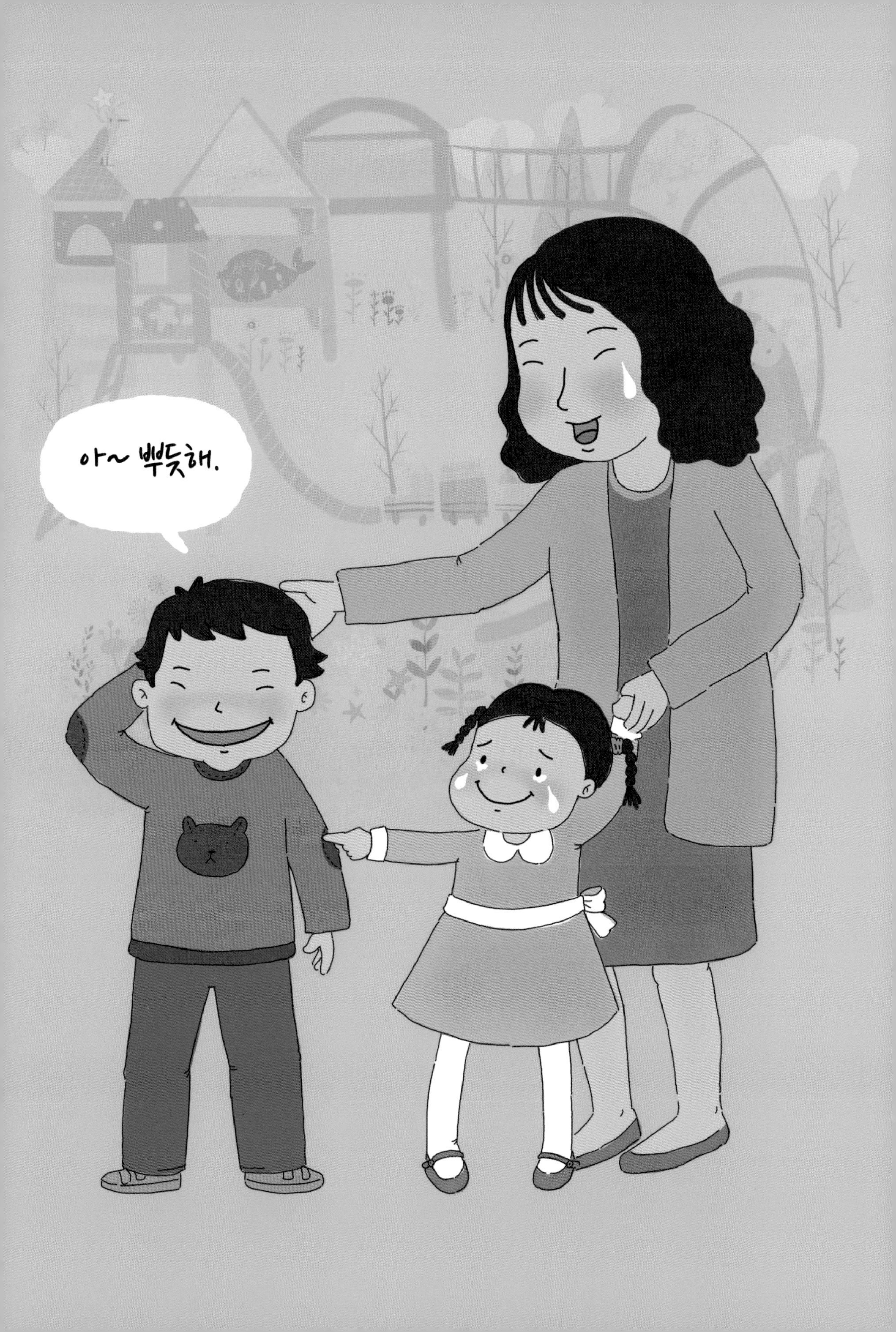
아~ 뿌듯해.

내 친구 야호가 저기 있네?

야호는 재미있어 보여.
친구들과 술래잡기가 정말 재미있나 봐.

너도 재미있는 일이 있니?

폴짝아!
너 아주 즐거워 보인다. 어디가?
아~ 강아지와 산책을 가고 있구나?

네가 즐거울 때는 언제야?

폴짝 폴짝~

저 아이는 방방이야.

안녕! 방방아. 너 신나 보인다.

우와~ 너 놀이공원에 놀러 갔구나? 정말 신나겠다.

너는 언제 신이 나니?

저기 웃고 있는 친구는 생글이야.

생글이는 기뻐하고 있어.
친구들에게 생일 선물을 받았거든~

너는 언제 기쁨을 느끼니?

생글아~
안녕!

어? 저기 흑흑이가 울고 있어.

흑흑아, 너 슬퍼보인다.

아, 흑흑이는 친한 친구가 멀리 이사를 가서 슬픈가 봐.

네가 슬플 때는 언제야?

흑흑흑…

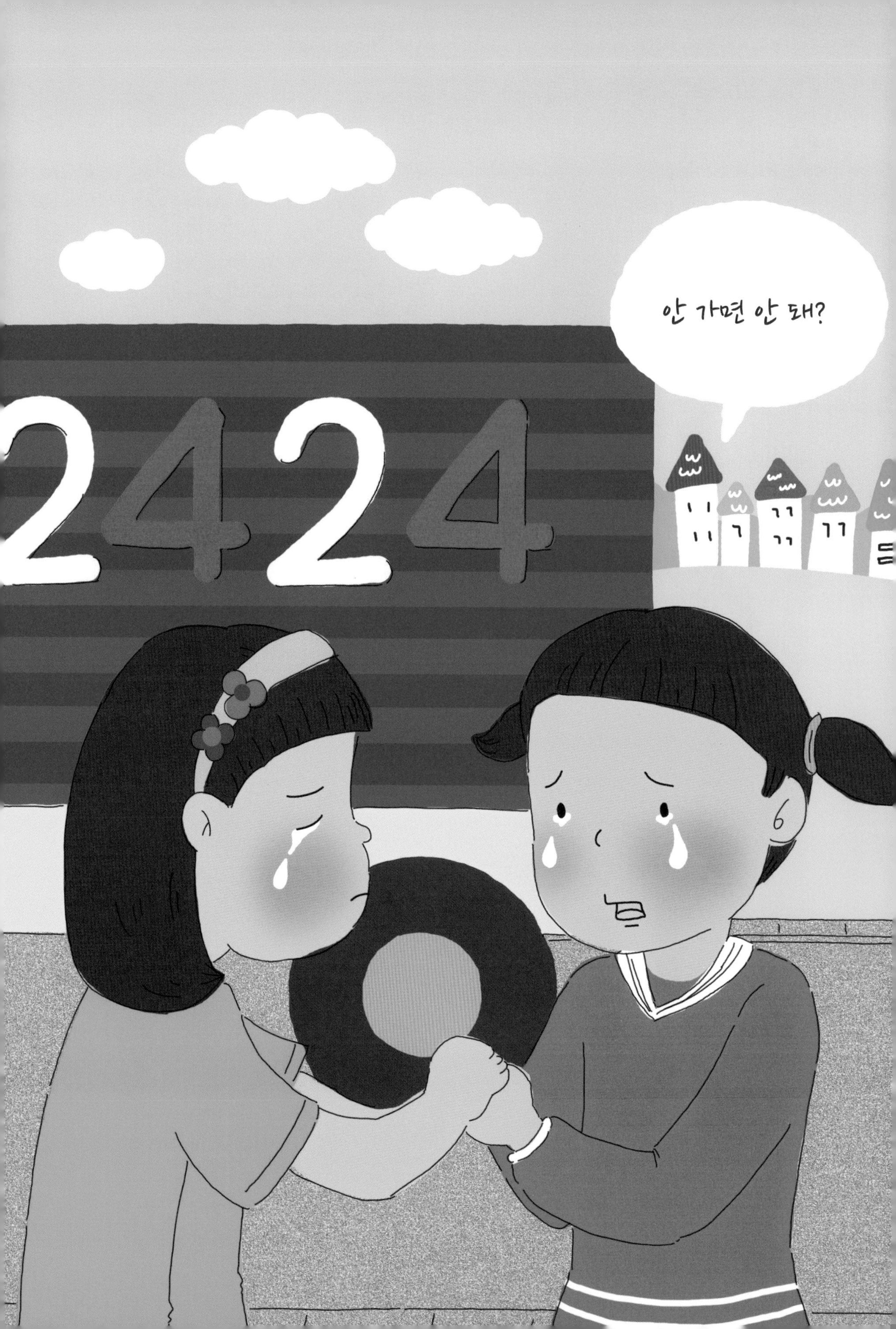
2424
안 가면 안 돼?

어어~ 덜덜아 안녕!

덜덜이는 정말 무서워 보여.
아, 골목길에서 아주 사나운 개를 만났구나!

너는 언제 무섭니?

아,
무서워 …

이 친구는 쓸쓸이야.

쓸쓸이가 많이 외로워 보여.
아, 친구들이 놀아주지 않는구나…….
정말 외롭겠다.

너는 언제 외로움을 느끼니?

아, 쓸쓸해···

아이쿠~

버럭이가 크게 화를 내고 있어.

아, 동생이 버럭이가 좋아하는 장난감을 망가뜨렸네.

너는 언제 화가 나니?

아, 화가 나!

불끈아, 안녕!

아, 근데 너 정말 억울해 보인다.
네가 떠들지 않았는데 떠들었다고 오해를 받았구나.

너도 억울한 일이 있었니?

이 친구는 털썩이야.

털썩아, 너는 왜 거기 주저앉아 있니?
아, 소풍을 가기로 했는데
비가 많이 내리고 있어서 속상하구나.

널 속상하게 만드는 일은 뭐야?

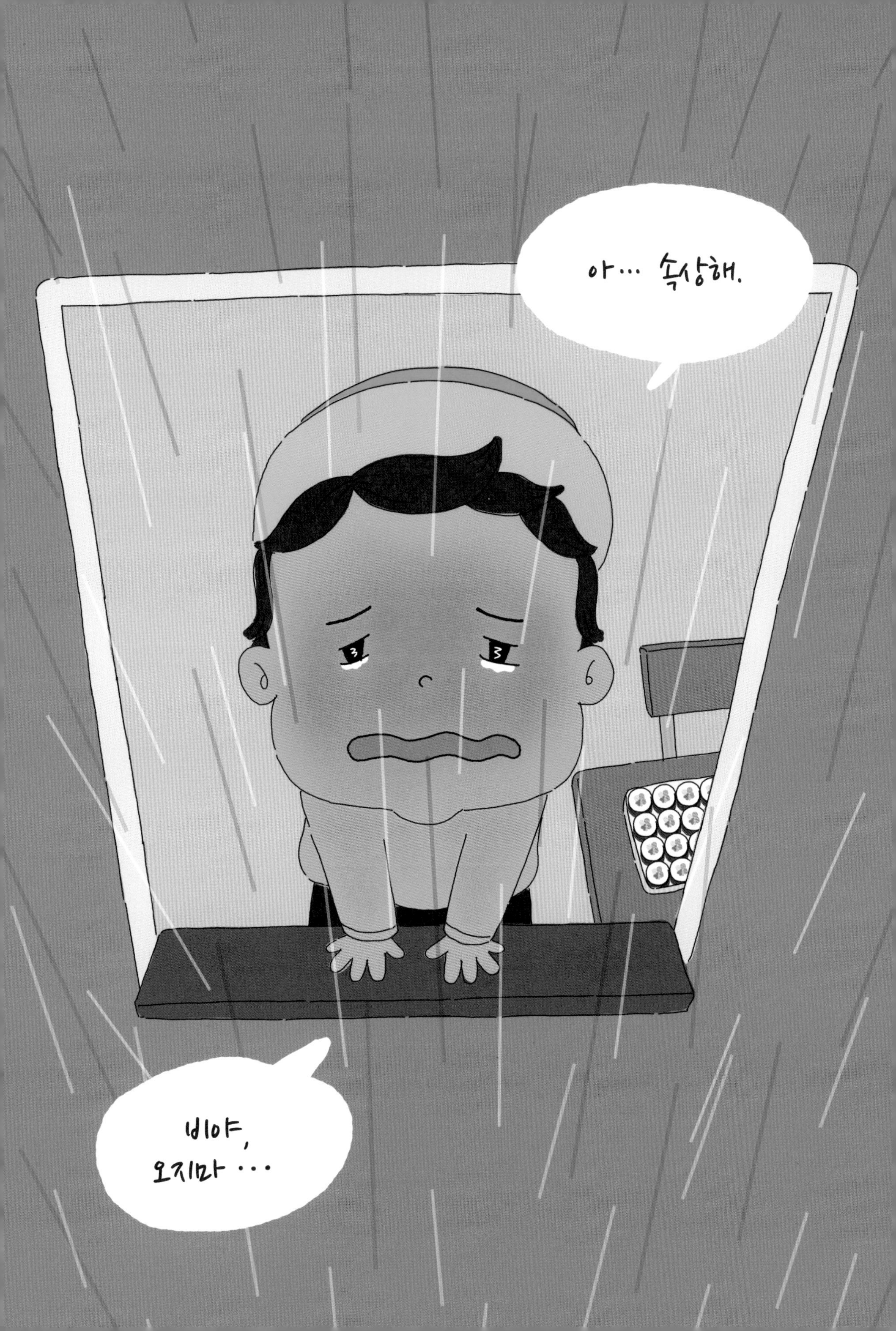
아… 속상해.
비야, 오지마 …

내 친구들 잘 만나 봤니?

우리 모두의 마음속에는
이런 다양한 감정들이 들어 있어.

우리는 하루에도
여러 가지 감정들을 느끼는데,
그중에는 모르고 넘어가는 감정들도 있단다.

네 마음속을 잘 들여다보면
더 많은 감정과 만날 수 있지.

너의 마음속에는
어떤 감정들이 살고 있는지
궁금하지 않니?

오늘의 기분

_____의 마음을 알아봐~   나의 이름 _____

회 기	기 분	표 정

감정 카드

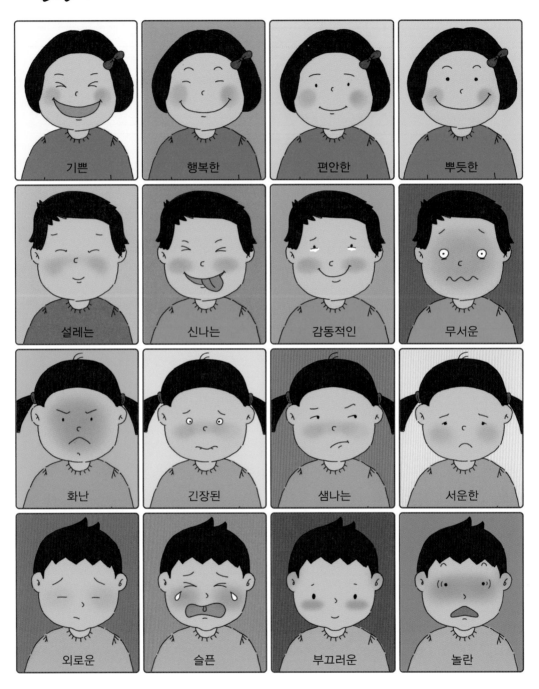

기쁜	행복한	편안한	뿌듯한
설레는	신나는	감동적인	무서운
화난	긴장된	샘나는	서운한
외로운	슬픈	부끄러운	놀란

감정 도넛

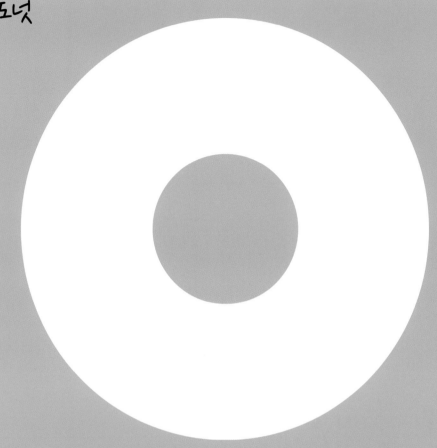

색깔	감정	색깔	감정
예) ⬤ ➜	화난	◯ ➜	
◯ ➜		◯ ➜	
◯ ➜		◯ ➜	

다양한 날씨

날씨와 마음

내가 화가났을 때
내 마음은 이런 날씨 같아요.

내가 슬플 때
내 마음의 날씨는
이렇게 변하죠.

내가 즐거울 때
내 마음의 날씨는 이래요.

내가 **기쁠 때**
내 마음의 날씨는
이런 모습일 거에요

내가 **외로울 때**
내 마음의 날씨는
이렇게 변해요.

내가 **편안할 때**
내 마음의 날씨는 이래요.

내 마음의 날씨

아침에 눈을 떴을 때

기분:

상황:

점심시간

기분:

상황:

잠자기 전

기분:

상황:

감정 게임 카드

|이야기 카드|

엄마(아빠)의 좋은 점을 말해 보세요. 앞으로 2칸	나는 언제 신이 나나요? 앞으로 2칸	나의 소원을 한 가지 말해 보아요. 앞으로 3칸
담임선생님의 좋은 점을 말해 보세요 앞으로 1칸	나는 언제 학교에 가기 싫은가요? 앞으로 2칸	싫어하는 친구는 누구인가요? 그 이유는? 앞으로 2칸
나는 언제 화가 나나요? 앞으로 2칸	나는 언제 쉬고 싶은가요? 앞으로 1칸	내가 20세가 된다면 가장 하고 싶은 것은 무엇인가요? 앞으로 3칸
나는 언제 슬픈가요? 앞으로 2칸	엄마(아빠)가 미울 때는 언제인가요? 앞으로 1칸	내가 가장 잘하는 것은 무엇인가요? 앞으로 2칸

내가 더 잘하고
싶은 것은
무엇인가요?

앞으로 2칸

내 외모 중에
가장 자신 있는 곳은
어디인가요?

앞으로 2칸

내가 아기라면
무엇이 좋을까요?

앞으로 2칸

생일파티에
초대하고 싶은 친구는
누구인가요?
그 이유는?

앞으로 1칸

내가
이 프로그램에
참여하는 이유는
무엇인가요?

앞으로 3칸

부모님께
받고 싶은 선물은
무엇인가요?

앞으로 1칸

친구에게
받고 싶은 선물은
무엇인가요?

앞으로 3칸

나는
언제 가장
무서운가요?

앞으로 1칸

|행동 카드|

옆에 앉아 있는
친구와 반갑게
악수하세요.

앞으로 3칸

내가
변하고 싶은
동물 흉내를
내 보세요.

앞으로 3칸

학교 선생님이
된 것처럼
행동해 보세요.

앞으로 1칸

아기를
재우는 모습을
흉내 내 보세요.

앞으로 1칸

다람쥐
흉내를 내 보세요.

앞으로 3칸

자동차 운전하는
흉내를 내 보세요.

앞으로 1칸

100m 달리기에서
1등 했을 때의 모습을
흉내 내 보세요.

앞으로 2칸

사자
흉내를 내 보세요

앞으로 2칸

신나는 표정을
지어 보세요.

앞으로 1칸

내 주변에 있는
물건처럼 자세를
취해 보세요.

앞으로 3칸

의사가 된 것처럼
행동해 보세요.

앞으로 2칸

화난 표정을
지어 보세요.

앞으로 3칸

슬픈 표정을
지어 보세요.

앞으로 2칸

앞에 앉아 있는
친구를 보고
활짝 웃어 보세요.

앞으로 3칸

줄다리기
하는 모습을
흉내 내 보세요.

앞으로 1칸

무서운 표정을
지어 보세요.

앞으로 1칸

친구들을
웃겨 주세요.

앞으로 2칸

열심히
공부하는 모습을
흉내 내 보세요.

앞으로 2칸

선생님께 공손하게
인사를 해 보세요.

앞으로 3칸

시험을 100점 맞아서
뿌듯한 모습을
흉내 내 보세요.

앞으로 3칸

|행동 카드|

낯선 사람과
처음 만났을 때의
감정은?

앞으로 1칸

부모님이
예상하지 못한
선물을 주셨다면
나의 감정은?

앞으로 3칸

가족의 사랑에 대한
영화를 봤을 때
나의 감정은?

앞으로 2칸

내가 싫어하는
친구와 협동을
해야 할 때의
나의 감정은?

앞으로 1칸

내가 아끼는 물건을
잃어버렸다가
찾았다면
나의 감정은?

앞으로 1칸

내가 친구의 잘못을
뒤집어썼을 때
나의 감정은?

앞으로 1칸

내가 좋아하는
친구가 전학을 간다면
나의 감정은?

앞으로 4칸

엄마가 친구와 나를
비교하며 잔소리할 때
나의 감정은?

앞으로 1칸

친구들과 부모님이
깜짝 생일파티를
해 주었을 때
나의 감정은?

앞으로 2칸

부모님이
갑자기 아프다면
나의 감정은?

앞으로 4칸

시험 성적이
발표되기 직전의
나의 감정은?

앞으로 2칸

푹신한 침대에 누워서
내가 좋아하는
음악을 듣고 있을 때
나의 감정은?

앞으로 1칸

동생의 고장 난 장난감을 내가 고쳐 주었을 때 나의 감정은? 앞으로 2칸	나쁜 행동을 자주하는 친구가 선생님 앞에서는 착한 척을 할 때 나의 감정은? 앞으로 3칸	친구가 길을 지나가다 넘어졌는데 내가 크게 웃었다면 친구의 감정은? 앞으로 1칸
얼굴에 고추장이 묻은지 모르고 친구를 만난 것을 알았을 때 나의 감정은? 앞으로 1칸	부모님으로부터 편지를 받았을 때 나의 감정은? 앞으로 2칸	사람들이 많은 곳에서 내가 엄마에게 고집을 피웠다면 엄마의 감정은? 앞으로 2칸
친구의 험담을 하다가 들켰을 때 나의 감정은? 앞으로 3칸	친구가 준 생일선물이 마음이 들지 않아 고맙다는 인사도 하지 않고 짜증을 냈다면 친구의 감정은? 앞으로 3칸	친구가 먹고 있던 과자를 빼앗았다면 친구의 감정은? 앞으로 3칸

내가 주도해서
한 친구를 따돌렸다면
친구의 감정은?

앞으로 1칸

순간 화가 나서
아무 잘못 없는
친구에게 버럭
소리를 질렀다면
친구의 감정은?

앞으로 1칸

우리 반에 새로운
친구가 전학을 왔다면
친구의 감정은?

앞으로 1칸

내가 실수로
친구의 발을 밟았는데
사과를 하지 않았다면
친구의 감정은?

앞으로 2칸

내가 친구의 부탁을
거절했다면
친구의 감정은?

앞으로 2칸

따돌림 당하는
친구에게 내가 먼저
놀자고 말했다면
친구의 감정은?

앞으로 2칸

친구랑 싸웠을 때
너무 화가 나서 동생의
인사를 무시했다면
동생의 감정은?

앞으로 2칸

친구의 장난감을
망가뜨리고
사과를 하지 않았다면
친구의 감정은?

앞으로 2칸

평소 나와 사이가
좋지 않은 친구에게
용기 내어
칭찬을 했다면
친구의 감정은?

앞으로 2칸

감정 게임판

시작!

도착!

좋은 친구가
될거야!

감정 강도 카드

유쾌한 감정	슬픈 감정	화나는 감정
흐뭇한	속상한	짜증 나는
기쁜	슬픈	신경질 나는
신나는	우울한	화나는
행복한	괴로운	분한
황홀한	비참한	격노한

감정 강도 활동판

주어지는 감정 강도 카드를 강도에 맞게 순서대로 배열하세요.

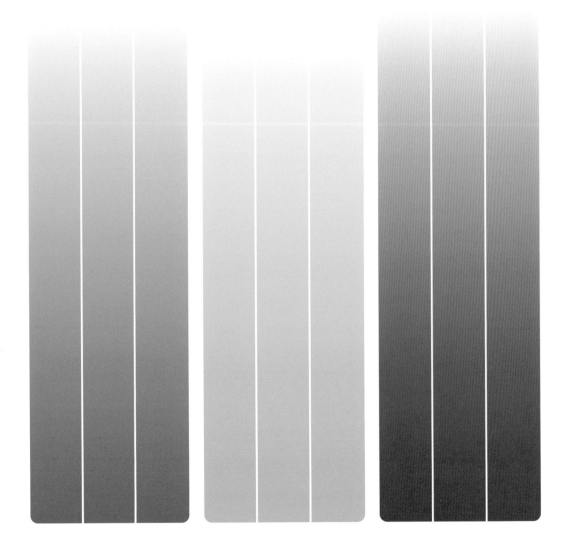

| 유쾌한 감정 | 슬픈 감정 | 화난 감정 |

감정-신체 변화 그림카드 1

(   ) 기분일 때 몸의 변화는?

• 머리가 혼란스럽다.
• 명확히 생각할 수 없다.

• 얼굴이 붉게 달아오른다.
• 눈꼬리가 올라간다.
• 이를 악문다.
• 목소리가 커진다.
• 콧구멍이 벌렁거린다.

• 심장이 두근거린다.

• 주먹을 쥐게 된다.

• 몸에 열이 오른다.

(　　　　) 기분일 때 몸의 변화는?

• 머릿속이 가볍고
　맑은 느낌이 든다.

• 얼굴이 상기된다.
• 입꼬리가 올라간다.
• 입을 크게 벌리고
　소리를 내기도 한다.

• 온몸이 찌릿찌릿한다.
• 온몸이 가볍고 날아갈
　것 같다.

• 심장이 가볍게
　두근거린다.

• 만세를 부르기도 한다.

• 펄쩍펄쩍 뛴다.

(   )기분일 때 몸의 변화는?

• 머릿속이 혼란스럽다.
• 머리카락이 쭈뼛 선다.

• 얼굴이 하얗게 질린다.
• 동공이 커진다.
• 입이 벌려진다.

• 심장이 쿵쾅거리고
  숨이 가빠진다.

• 온몸이 경직된다.
• 몸이 부들부들 떨린다.
• 몸에서 땀이 나고
  추워지는 느낌이다.
• 닭살이 돋는다.

(   ) 기분일 때 몸의 변화는?

• 머릿속이 텅 빈 느낌이
들고, 머리가 어지러우며
두통이 있다.

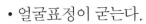

• 얼굴표정이 굳는다.
• 바짝바짝 입이 마른다.
• 시야가 흐려진다.
• 목소리가 떨린다.

• 심장이 두근거린다.
• 속이 울렁거린다.

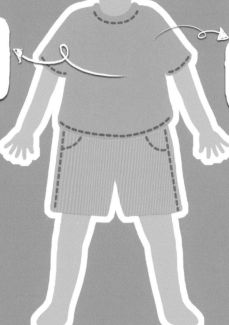

• 땀이 난다.
• 몸이 떨린다.

감정-신체 변화 그림카드 2

(   )기분일 때 몸의 변화는?

감정 퀴즈

시험에서 100점을 맞아서 기분이 좋다. 교실에서 만세를 부르며 휘파람을 분다.	친구가 준 생일선물이 마음에 들지 않았다. 친구 앞에서 얼굴을 찡그리며 마음에 안 든다고 이야기한다.
수업 시간에 선생님이 중요한 말씀을 하시는데, 뒤에 앉은 친구가 자꾸만 의자를 발로 차서 화가 났다. 친구에게 하지 말라고 소리를 지른다.	선생님께서 나를 오해하고 혼내셔서 화가 나고 억울했다. 선생님의 말씀이 끝날 때까지 잠시 참았다가, 선생님께 사실을 이야기한다.
수업 시간에 짝꿍은 꾸중을 들어서 속상해하고 있는데 나는 칭찬을 받아서 기분이 좋다. 나의 기쁜 마음을 표현하기보다는 친구의 속상한 마음을 위로하고, 집에 가서 엄마에게 자랑한다.	엄마가 나를 위해 떡볶이를 만들어 주셨는데, 맛이 없어서 실망스러웠다. 애써 미소를 보이며 엄마에게 감사하다는 마음과 맛있다는 말을 전한다.

방과 후에 운동장에서 축구를 하는데, 친구가 자꾸 내 별명을 부르며 놀려서 속상하다. "놀리지 마! 나 지금 대단히 화났거든."이라고 큰 소리로 이야기한다.

학교에서 친구와 장난을 치다가 싸움이 생겨서 속상했다. 아빠가 들어오시면 이야기해야지 하고 생각하고 있었는데 아빠가 집에 들어오자마자 일을 너무 많이 해서 힘들다며 방으로 들어가셨다. 아빠가 쉴 수 있게 하려고 속상했던 마음은 주말에 이야기를 했다.

오랜만에 할머니 댁에 놀러 갔는데 할머니께서 선물이라며 옷을 사 주셨다. 그런데 마음에 들지 않았다. 할머니가 나를 위해 준비한 마음을 생각하며 웃으며 감사하다고 인사를 한다.

영화관에서 영화를 보는데 너무 재미있는 장면이 나와서 즐거웠다. 친구와 큰 소리로 이야기하였다.

학교에서 친구가 놀려서 너무 속상했다. 집에 돌아온 뒤 엄마가 알면 속상해하실까 봐 엄마에게도 말하지 않고 내 방에 가서 혼자 운다.

생각하기 방법 ① - 원인 생각하기

생각하기 방법 ② -다르게 생각하기

생각하기 방법 ③ – 위안이 되는 생각하기

생각하기 방법 ④ - 해결책 생각하기

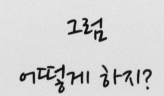

생각하기 상황 그림 1

생각하기 상황 그림 3

나만의
감정책

나는 이럴 때, 슬픔을 느껴.

나는 [   ] 때, 슬픔을 느껴.

그리고 슬플 때 나는 이런 표정이 되지!

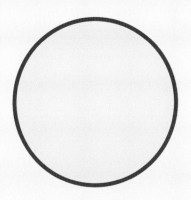

앞으로 나는 슬퍼질 때는 이렇게 할래!

그러면 슬픔이 조금씩 줄어들 거야.

나는 이럴 때, 분노를 느껴.

나는 _____ 때, 화가 나.

그리고 화가 날 때 나는 이런 표정이 되지!

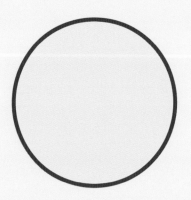

앞으로 나는 화가 날 때는 이렇게 할래.

그러면 화가 조금씩 줄어들 거야.

나는 이럴 때, 기쁨을 느껴.

나는 [   ] 때, 기뻐.

그리고 기쁠 때 나는 이런 표정이 되지!

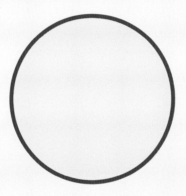

앞으로 나는 기쁠 때는 이렇게 할래.

[   ]

그러면 기쁨이 두 배가 될 거야.

나는 이럴 때, 외로움을 느껴.

나는 [   ] 때, 외로움을 느껴.

그리고 외로울 때 나는 이런 표정이 되지!

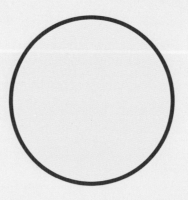

앞으로 나는 외로울 때는 이렇게 할래!

[   ]

그러면 외로움이 점차 줄어들 거야.

나는 이럴 때, 무서움을 느껴.

나는 [   ] 때, 무서움을 느껴

그리고 무서울 때 나는 이런 표정이 되지!

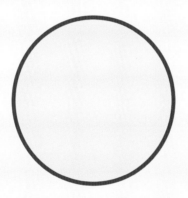

앞으로 나는 무서울 때는 이렇게 할래

[   ]

그러면 무서움이 점차 사라질 거야.

참고
문헌

이지영(2011). 정서조절 코칭북: 내 감정의 주인이 되어라. 서울: 시그마프레스.

정옥분, 정순화, 임정화(2007). 정서발달과 정서지능. 서울: 학지사.

Arsenio, W. F. & Kramer, R. (1992). Victimizers and their victims: Children's conceptions of mixed emotional consequences of moral transgressions. *Child Development, 63,* 915-927.

Averill, J. R. (1990). Emotions in relation to systems of behavior. In N. L. Stein, B. Leventhal, & T. Trabasso (Eds.). *Psychological and biological approaches to emotion* (pp. 385-404). Hillsdale, NJ: Lawrence Erlbaum Associates.

Averill, J. R. (1994). *In the eyes of the beholder.* In P. Ekman & R. J. Davidson (Eds.). *The nature of emotion-fundamental questions* (pp. 7-19). New York: Oxford University Press.

Brown, J. R. & Dunn, J. (1996). Continuities in emotion understanding from 3-6 yrs. *Child Development, 67*(3), 789-802.

David R. Shaffer (2009). 발달심리학. (송길연, 장유경, 이지연, 정윤경 역). 서울: 시그마프레스.

Gnepp, J. & Klayman, J. (1992). Recognition of ncertainty in emotional inferences: Reasoning bout emotionally equivocal situations. *Developmental Psychology, 28,* 145-158.

Hoffner, C. & Badzinski, D. M. (1989). Children's integration of facial and situational cues to emotion. *Child Development, 60,* 411- 422.

Kahana-Kalman, R. & Walker-Andrews, A. (2001). The role of person familiarity in young infant's perception of emotional expressions. *Child Development, 72*(2), 352-369.

Kagan, J. (1994). On the nature of emotion. In N. Fox (Ed.), The development of emotion regulation: Biological and Behavioral Considerations (pp. 7-24). *Monographs of The Society for Research in Child Development, 59,* 2-3.

Mangelsdorf, S. C., Shapiro, J. R., & Marzolf, D. (1995). Developmental and temperamental differences in emotion regulation in infancy. *Child Development, 66,* 1817-1828.

Rosen, W. D., Adamson, L. B., & Bakeman, R. (1992). An experimental investigation of infant social referencing: Mothers' messages and gender differences. *Developmental Psychology, 28,* 1172-1178.

Soken, N. H. & Pick, A. D. (1999). Infants' perception of dynamic affective expressions:

Do infants distinguish specific expressions? *Child Development, 70,* 1275-1282.

노경란(Row Kyung-Ran)

미국 Eastern Michigan University 심리학 석사(임상심리 전공)
이화여자대학교 심리학 박사(발달 및 발달임상 전공)
정신보건임상심리사, 임상심리전문가, 발달심리전문가
현 아이코리아 송파아이존 시설장

주요 논문
다문화시대 한국인의 인종에 대한 암묵적 태도와 명시적 태도의 발달
 (한국발달심리학회지 제23권 제2호)
내재화, 외현화, 내-외 혼재 장애를 가진 아동들의 기질 및 성격에 대한 비교 연구
 (한국발달심리학회지 제25권 제4호)

김지연(Kim Ji-Youn)

이화여자대학교 심리학 석사(발달 및 발달임상 전공)
이화여자대학교 심리학 박사 수료(발달 및 발달임상 전공)
정신보건임상심리사
현 아이코리아 중구아이존 시설장

주요 논문
자폐 아동의 상호주의하기(이화여자대학교, 2002)

권윤정(Kwon Yoon-Jung)

이화여자대학교 심리학 석사(발달 및 발달임상 전공)
정신보건임상심리사, 발달심리사
현 키즈앤틴 학습발달 연구소

주요 논문
청소년의 애착유형, 자기효능감과 정서조절 능력의 관계(이화여자대학교, 2008)

구민정(Koo Min-Jung)

이화여자대학교 심리학 석사(발달 및 발달임상 전공)
이화여자대학교 심리학 박사과정(발달 및 발달임상 전공)
정신보건임상심리사, 임상심리전문가
전 아이코리아 송파아이존 팀장

주요 논문
관계적 자기와 우울: 친구관계의 매개 효과를 중심으로(이화여자대학교, 2008)

구연익(Koo Youn-Ick)

이화여자대학교 심리학 석사(발달 및 발달임상 전공)
정신보건임상심리사, 임상심리전문가
현 아이코리아 송파아이존 팀장

주요 논문
내재화, 외현화, 내-외 혼재 장애를 가진 아동들의 기질 및 성격에 대한 비교 연구
(한국발달심리학회지 제25권 제4호)

초등학생을 위한 정서발달 향상 프로그램

내 마음을 알아봐

2022년 8월 10일 1판 1쇄 발행
2025년 1월 20일 1판 3쇄 발행

지은이 • 노경란 · 김지연 · 권윤정 · 구민정 · 구연익
펴낸이 • 김진환
펴낸곳 • (주) **학지사**

04031 서울특별시 마포구 양화로 15길 20 마인드월드빌딩
대표전화 • 02)330-5114　　　팩스 • 02)324-2345
등록번호 • 제313-2006-000265호

홈페이지 • http://www.hakjisa.co.kr
인스타그램 • https://www.instagram.com/hakjisabook

ISBN 978-89-997-0385-0 04370
978-89-997-0383-6(set)

정가 15,000원

출판미디어기업 **학지사**

간호보건의학출판 **학지사메디컬** www.hakjisamd.co.kr
심리검사연구소 **인싸이트** www.inpsyt.co.kr
학술논문서비스 **뉴논문** www.newnonmun.com
교육연수원 **카운피아** www.counpia.com
대학교재전자책플랫폼 **캠퍼스북** www.campusbook.co.kr